Anny Wienbruch

# Sie waren mir anvertraut

### Erlebnisse mit Kindern

Verlag der
St.-Johannis-Druckerei
C. Schweickhardt
Lahr-Dinglingen

ISBN 3 501 01065 6

2. Auflage der Neuausgabe der Bändchen
»Sie waren mir anvertraut« und
»Auf Sein Werk mußt du schauen«
Umschlagentwurf: Imanuel Enderle
©1968 by Verlag der St.-Johannis-Druckerei C. Schweickhardt
Lahr-Dinglingen
Gesamtherstellung:
St.-Johannis-Druckerei C. Schweickhardt, 763 Lahr-Dinglingen
Printed in Germany 6086/1975

# MEIN SCHWARZES SCHAF

Eben hatte ich, an einem lerchendurchjubelten Frühlingsmorgen, zum zweitenmal in meinem jungen Lehrerinnenleben die Schulanfänger — 56 Abc-Schützen oder I-Männchen, wie man bei uns in Westfalen sagt — aufgenommen.

Nun stand ich nach alter Schulsitte mit meinen Kollegen unter dem Haustor, ein wenig aufgeregt noch von dem großen Ereignis und im stillen voll begeisterter Vorsätze, alle im ersten Jahr meiner Berufstätigkeit erworbenen Erfahrungen jetzt im zweiten eifrig auszunutzen.

Da schob sich langsam und mißmutig einer meiner neuen Schutzbefohlenen an mir vorbei. Lang aufgeschossen für sein Alter, mit einem blassen, müden Gesicht und dem verdrossen gelangweilten Ausdruck darin, der mir später kennzeichnend für ihn wurde.

Unlustig drehte er einen Schokoladetaler nach dem andern in den gelblichen Händen, schnupperte danach mit krauser Nase an einem Schinkenbrötchen, ließ ein goldgelbes Stück Kuchen in die Riesentüte zurückgleiten.

Da, mit kurzen, festen Schritten, trotzigen Blauaugen und roten Wangen, nahte Fritz Wolf, nahm sein Margarineschwarzbrot in die derbe linke Hand, und — patsch! saß seine Rechte in Eberhards Stubengesicht — patsch! noch einmal.

Dann wandte sich der Dreikäsehoch stolz, wie im Bewußtsein einer guten Tat, dem Schulhof zu.

Ehe ich mich von meiner Verblüffung erholen konnte, hatte der alte Hauptlehrer Müller den Übeltäter mit mächtigem Griff an seinem verwaschenen grauen Jäckchen erwischt. „Na, du Schlingel", grollte er, „was fällt dir ein! Was hat dir der kleine Eberhard getan?"

„Nix!" brummte Fritz Wolf aus seiner Tiefe zu der Höhe des gestrengen Schulmonarchen hinauf.

„So — nichts? Nichts?" Hauptlehrer Müller schwang seinen langen Pfeifenstiel, das Zepter unserer Schule, beängstigend über dem kleinen Sünder. „Na, da will ich dir mal was sagen, Bürschchen: Wenn das noch einmal vorkommt, dann hat dein Fräulein Lehrerin einen feinen Stock für deinen Hosenboden auf dem Pult liegen, nicht wahr, Fräulein? Und da drüben hinter dem Haus ist mein Schweinestall. Dahinein sperre ich unartige Kinder, bis sie wieder brauchbare Mitglieder der menschlichen Gesellschaft geworden sind. Verstanden?"

Während ich im tiefsten Innern noch leise Zweifel an Fritz Wolfs Verständnis für diese donnertönende Rede hegte, während der sanfte Kollege Bauer sein blondes Haupt über „die Verderbtheit der Kindes-Seele" schüttelte, tauchte der kleine Missetäter im Gewimmel des Schulhofs unter. Das Schulkollegium beschäftigte sich mit wichtigeren pädagogischen Fragen, wobei auch eine dringend benötigte Gehaltsaufbesserung erörtert wurde.

Es wurde nicht im geringsten mit Fritz Wolf in Verbindung gebracht, als einige Tage danach der Schlüssel zu Hauptlehrer Müllers Schweinestall verschwunden war und unser Schuloberhaupt darauf mehrere Nächte aus Angst um seine rosigen Vierfüßler an erheblichen Schlafstörungen litt. Am gleichen Morgen lag mein schöner Zeigestock zerbrochen auf dem Pult. Aber das erwähnte ich den andern Lehrern gegenüber nicht.

Wochen, Monate gingen dahin. Fritz Wolf, der bei einer Pflegemutter, einer starkknochigen Waschfrau, lebte, hatte die ersten i, u, e, die ersten Ziffern — mit erstaunlicher Sauberkeit und Genauigkeit übrigens — schreiben gelernt.

Da erschien an einem nebelverhangenen Novembermorgen Hauptlehrer Müller in meiner Klasse.

„Ziehen sich da ein schönes Pflänzchen groß", grollte er. „Wenn das die Resultate der neuen Methoden sind, die unsere jungen Kollegen so preisen, na, ich danke!"

Ich schaute ihn verständnislos an. Aber er warf mir durch seine blitzenden Brillengläser einen vernichtenden

Blick zu und wies mit seiner grünen Pfeifenquaste majestätisch auf Fritz Wolf.

„Einen Dieb haben Sie da!" erklärte er. „Ja, liebe Kinder, ein Dieb sitzt unter euch. Eben war Eberhards Mutter bei mir. Empört war sie, und das mit Recht. Da hat dieser Bengel, dieser Fritz Wolf, schon zweimal dem Eberhard die Konfekttüte weggenommen. Ja, gestern hat er ihm sogar für ein feines Stück Biskuitkuchen eine Schwarzbrotkruste in die Frühstücksdose gelegt. Hast wohl selber das Leckere gegessen, hm, Wolf?"

„Nein", murmelte Fritz trotzig-ängstlich zur Höhe des Diktators hinauf.

„Er hat's der Grete und dem Kurt gegeben", rief es eifrig aus dem Hintergrund.

„Wir haben es nicht gewußt, woher er's hatte", weinte es jämmerlich von der rechten Seite.

„Ruhe!" kommandierte der Hauptlehrer, worauf sofort eine bange Stille eintrat. „Ihr dürft jetzt nach Hause gehen. Ich höre das Mittagsläuten. Der da aber, dieser Dieb, geht mit mir in meine Klasse. Dort sitzt er unter meiner Aufsicht eine Stunde nach und bedenkt seine Untaten, auf daß er noch ein brauchbares Mitglied der menschlichen Gesellschaft werde."

Fritz Wolf saß darauf seine Stunde in der Klasse des Herrn Hauptlehrers zum Heil der menschlichen Gesellschaft ab, während das Schuloberhaupt auf dem Pult seine Morgenzeitung las, wozu in seiner Wohnung wegen des Samstagsputzes nicht die nötige Ruhe geherrscht hätte. Kurz nach eins wurde Fritz mit ernsten Ermahnungen entlassen, wie ich von meinem gegenüberliegenden Fenster aus zwar nicht deutlich hören, aber aus der Gebärdensprache des alten Herrn Müller wohl schließen konnte.

Wer aber der Übeltäter war, der danach wagte, den Herrscher unserer Schule in seiner eigenen Klasse einzuschließen, so daß sich das hauptlehrerliche Mittagessen bis zwei Uhr verschob, wurde nicht ermittelt. Ich beteiligte mich an den Nachforschungen nicht. Für solch unglaubliche Frechheit waren meine Kleinen noch zu „artig".

Als Fritz Wolf zu Ostern in das zweite Schuljahr versetzt wurde, war sein Ruf leider schon sehr erschüttert. Missetat auf Missetat wurde mir fernerhin — ich war immer noch seine Klassenlehrerin — entrüstet von ihm berichtet, so daß ich mir oft selber als Angeklagte vorkam und wirklich auch mehrmals Andeutungen hören mußte, daß ich nicht ganz unschuldig an diesen Vorkommnissen und viel zu gut gegen solche Lümmel sei. Es war bald kein Flöckchen weißer Wolle mehr an meinem schwarzen Schaf, dem Fritz Wolf, nachzuweisen.

„Er lügt doch wenigstens nicht", wollte ich ihn einmal verteidigen.

„Ach, Fräulein", bedauerte mich mein Kollege, „Sie sind wirklich eine unschuldsvolle Taube. Hinter dessen Schwindeleien kommen wir gar nicht. Der ist ja schlauer als wir."

„Er streitet doch nie ab!" begütigte ich weiter.

„Sollte er auch mal, Junge, Junge!" knurrte Hauptlehrer Müller gereizt und qualmte danach wie der Fabrikschornstein, der unseren Ort überragte.

Fritz Wolfs Übeltaten häuften sich immer mehr, je älter er wurde.

Da wurde Ellas schöne rosa Haarschleife in die Tinte gesteckt. „Weil sie so'n Putzaff ist", konnte ich als einzige Erklärung aus dem Sünder herauspressen.

Da wurden in einer stillen Sommernacht unserer Nachbarin, dem so wenig kinderlieben, aber sehr tierlieben Fräulein, die Käfige ihrer sämtlichen Dompfaffen, Zeisige und Stieglitze geöffnet, wodurch die bedauernswerte Dame „der einzigen Freude ihres liebeleeren Lebens beraubt" wurde. „Weil sie fliegen sollen", war Fritzens wortkarger Kommentar.

Da wurden den Mädchen des vierten Schuljahrs von ihrem Kameraden Fritz eines Morgens vor Schulbeginn sämtliche Aufgaben ausgewischt, „weil sie doch alle abgeschrieben haben".

Und dann schlug's dem Faß den Boden aus: Bei dem ebenso reichen wie geizigen Bauern Hartmann verschwand eine deftige Wurst. Sie fand sich zwar an der Haustürklinke der alten Oma Nitsch wieder. Aber ohne Zweifel war Fritz Wolf der Täter.

Hauptlehrer Müller grollte nicht, er knurrte nicht — er tobte. Ich mag nicht wiederholen, was er mir am Morgen im Lehrerzimmer vorwarf. Ich mochte ihm auch nichts erwidern. Ich fürchtete mich weniger vor diesem Zorn als davor, daß den alten, blaugesichtigen Mann ein Schlagfluß treffen könnte. Ich atmete auf, als er sich endlich etwas beruhigt, „ausgebrüllt" hatte, wie mein jüngster Kollege sagte, und mich mit der Versicherung verließ, er werde jetzt die nötigen Schritte unternehmen, daß dieses schwarze Schaf endlich aus seiner Herde entfernt und einer „Besserungsanstalt" überwiesen werde.

Auch ich beruhigte mich langsam nach diesem Auftritt.

Aber in der Nacht finde ich keinen Schlaf. Ruhelos starre ich in die sternenlose Nacht.

Es ist doch *mein* Schüler! Der Hauptlehrer hat recht: Ich bin mitschuldig. Ich bin mitverantwortlich. Warum hat Fritz Wolf das alles getan? Wo ist der Schlüssel zu der Seele dieses Kindes? Hat er es um eigenen Vorteils willen getan? Nein, nie! War's Bosheit, Lust am Bösen? Ich rätsle, grüble.

Plötzlich ist mir, als taute aus unirdischen Höhen eine zarte Melodie zu mir hernieder. Ist es nicht der Kinderchor, den ich vor kurzem in der Stadt gehört habe?

„Um der Gerechtigkeit willen."

Um der Gerechtigkeit willen? Ärgerlich lache ich auf. So viele Untaten — um der Gerechtigkeit willen?

Und da — jäh wird mir ein dunkler Vorhang weggerissen: Warum nahm Fritz den Überfluß der Reichen und gab ihn den Armen? Warum öffnete er den Käfig gefangener Vögel? Warum löschte er abgeschriebene Aufgaben aus? Um der Gerechtigkeit willen?

Haben vielleicht diese trotzigen Kinderaugen einen besonders geschärften Blick für all das riesengroße Unrecht hier auf Erden? Lebt in diesem Kinderkörper eine unruhige Feuerseele wie in Männern vergangener Jahrhunderte, die der Schrecken der Reichen, die Helfer der Armen waren? Will auch Fritz Wolf, der kleine, ungeleitete Schuljunge, seine schwachen Schultern gegen den unerschütterlichen Berg der irdischen Ungerechtigkeit stemmen? Tut er — unverstanden und immer weiter auf falschen Weg gedrängt — Unrecht über Unrecht um der Gerechtigkeit willen?

Soll sein wildes Herz niemals in rechte Bahnen gelenkt werden? Sollen die starren Mauern einer „Besserungsanstalt" ihn aufnehmen? Warten seiner später gar noch düsterere, noch strengere Häuser, in die man ihn schließen wird — um der Gerechtigkeit willen?

Nein, o nein! Ich richte mich auf. Um mich ist Nacht. Aber vor meinen inneren Augen flammt eine fackelhelle Erkenntnis, und eine Stimme ist in mir, stärker und eindringlicher als alle Stimmen des lauten Tages.

In dieser Stunde zeigt mir ein Strahl aus Gottes Reich meinen Beruf, meine Pflicht als Lehrerin in einem neuen Licht, weist mich eine mächtige Hand auf einen Weg, der dorniger, schwerer und — gesegneter ist als alles Streben nach Einmaleins, Rechtschreiben und „Klassenerfolgen". In dieser Stunde beginnt für mich der Kampf um die Seele meiner Schüler, zuerst um Fritz Wolf, den ich noch einmal mit allen Mitteln, mit aller Überredungskunst vor der „Besserungsanstalt" bewahren will, den ich von nun an mit aller Kunst meines Herzens und Wollens auf den rechten Pfad leiten will, daß er in Wahrheit ein Kämpfer werde „um der Gerechtigkeit willen".

Als nach jener Nacht der kühle, klare Morgen zu mir hereinschaute, da erkannte ich schon, daß ich allein, ich junges, unerfahrenes Mädchen, mein ungebärdiges schwarzes Schaf nicht auf den rechten Weg leiten und darauf bewahren konnte. Nein, diese Aufgabe ging über meine Kraft.

An jenem Morgen saß ich so sorgenvoll am Frühstückstisch, daß meine Mutter sich Sorgen wegen meiner Appetitlosigkeit machte. Ebenso sorgenvoll schaute ich danach aus dem Fenster, als ich vor Schulbeginn in meine Klasse getreten war, um etwas an die Tafel zu schreiben, hauptsächlich aber wohl, um meinen Kollegen und vor allem dem Hauptlehrer aus dem Weg zu gehen. Mit dem Anschreiben eilte es mir nämlich gar nicht. Ich stand untätig mit der Kreide in der Hand da und starrte zum Fenster hinaus. Was sollte ich nun für Fritz Wolf unternehmen?

Auf einmal fiel mein Blick auf ein Haus jenseits des Wiesenlandes, das sich damals noch hinter unserm Schulgarten bis zum Wald hin ausbreitete. Dort wohnte eine Familie, bei der ich schon mehrmals zu Gast gewesen war: eine lebhafte Mutter mit blanken, braunen Augen, ein ernster, beinahe streng wirkender Vater und acht Kinder, von denen ein jedes eine rechte Erquickung für ein Lehrerherz war. Nein, keine überbraven Tugendspiegel, sondern fröhliches, gesundes und innerlich wie äußerlich sauberes junges Volk!

Wer acht Kinder so vorbildlich erziehen konnte, der hatte gewiß mehr pädagogische Erfahrung und Weisheit als eine zwanzigjährige Lehrerin. Der konnte auch in schwierigen Erziehungsfragen raten! Ich atmete auf. Ich faßte meine Kreide fester und schrieb meine Sätze an die Tafel. Mein Entschluß war gefaßt.

Am Abend, als der Mond schon über den Bergen stand, saß ich drüben in dem Hause jenseits der Schulwiese. Ich sehe noch die fröhlichen Augen der Familienmutter liebevoll fragend auf mich gerichtet. Ich sehe den bedächtigen großen Mann mit derselben Frage in seinen blauen Augen, und ich erinnere mich, daß ich selber vor Verlegenheit, vor Unschlüssigkeit, wie ich beginnen sollte, ganz ungehörig Zöpfchen in die Fransen der Tischdecke flocht.

Aber dann hob ich den Kopf und erblickte über der Tür mir gegenüber den Spruch: „Ich aber und mein Haus, wir wollen dem Herrn dienen."

Da wußte ich, daß ich am rechten Platz war, und erzählte von Fritz Wolf, der kein Wolf, aber mein schwarzes Schaf war.

11

Als ich meinen langen Bericht beendet hatte, war es eine Weile still in dem großen Zimmer. Die Frau schaute ihren Mann an. Er beugte den Kopf, hatte die Hände gefaltet. In einer anderen Umgebung würde mir jungem Mädchen das damals vielleicht etwas seltsam vorgekommen sein. Aber hier erschien es mir selbstverständlich, daß die beiden in der Stille den um Weisung baten, der Herr in diesem Hause war und den zu fragen dem Volke Gottes lebensnotwendig ist.

Hast du das bisher nicht immer versäumt und dir selber den Ausweg gesucht, wenn dir eine Tür verschlossen schien? pochte es in mir. Warum gingst du mit deinen Erziehungsnöten nicht zu dem besten Erzieher, von dem du deine Kinder lehrst: „Ich bin das Licht, ich leucht euch für; wer zu mir kommt und folget mir, darf nicht im Finstern schweben. Ich bin der Weg, ich weise wohl, wie man wahrhaftig wandeln soll"?

Das Elternpaar hob fast gleichzeitig den Kopf. Sie nickten sich in einer mich seltsam ergreifenden Einigkeit zu.

„Ja", sagte der Vater dann bedächtig und legte bekräftigend seine schwere Faust auf den Tisch. „Wir wollen ihn zu uns nehmen."

„O nein", rief ich erstaunt, „so habe ich es nicht gemeint. Ich will Ihnen zu Ihren acht nicht noch mein schwarzes Schaf aufhalsen. Es wird nicht leicht für Sie sein!"

„Aber ein anderer will es", antwortete die Mutter fröhlich, „er, der sich über die Heimkehr eines schwarzen Schafes mehr freut als über die 99 Daheimgebliebenen. Gewiß, es wird nicht immer leicht sein. Aber mit seiner Hilfe werden wir es schaffen. Fritz wird sich wohl fühlen bei unsern acht. Er wird zum erstenmal ein richtiges Zuhause haben. Er braucht Liebe."

„Und Strenge", fuhr der Mann ernst fort, „Strenge, die aus der Liebe kommt, keine Härte."

„Er braucht Verständnis", fiel die Mutter ein, „wir wollen ihn lehren, was die wahre Gerechtigkeit ist und wie man ihr in Wahrheit dient."

„Selig sind, die Verfolgung leiden um der Gerechtigkeit

willen", tönte es wieder in mir, als ich durch das Wiesenland an der Schule vorbei nach Hause wanderte.

Verfolgung leiden? Nein, von nun an sollte Fritz Wolf keine Verfolgung mehr leiden. Auch nicht um der Gerechtigkeit willen.

Wie töricht ist das menschliche Sinnen, wenn es dem vorgreifen will, der uns allen Wege, Lauf und Bahn gibt!

Fritz Wolf siedelte in das Haus an der Wiese über. Er wurde dadurch nicht von einem Tag zum andern ein weißes Schaf. Noch oft brach sein ungestümes Aufbegehren, sein Widerspruchsgeist durch, und manches Mal mußte er auch die Strenge seines neuen Pflegevaters spüren. Aber es war doch eine Freude, wie er sich nach und nach, auch in der Beurteilung der andern Lehrer, wandelte. Wie jubilierte ich innerlich, als in einer Zeugniskonferenz sämtliche Kollegen, beinahe erstaunt, feststellten, daß bei Fritz Wolf eigentlich kein Grund bestehe, ihm für Betragen die Note „Sehr gut" vorzuenthalten.

Und doch erlebte mein ehemaliges schwarzes Schaf auch später, als weißes Schaf noch, wie man um der Gerechtigkeit willen leiden muß, und ich war dankbar, daß er gelernt hatte, Ungerechtigkeit schweigend und ohne Widerstand zu erdulden. Denn wie schwer muß es ihm, dem kräftigen Schlossergesellen, geworden sein, seine derben Fäuste zu bändigen, als sein geliebter Pflegevater in der Hitlerzeit abgeführt, in sogenannte Schutzhaft genommen wurde, weil er die neuen Machthaber nicht unterstützen wollte.

Heute ist die Familie nach Jahren gnädiger Bewahrung wieder vereint. Fritz gehört auch weiterhin zu ihr wie ein eigenes Kind, wenn er auch nicht mehr im gleichen Hause wohnt. Er ist jetzt selber Familienvater. Als er mir seinen Jüngsten in die Schule brachte, tat mir der Händedruck des gewichtigen Schlossermeisters gehörig weh. Aber andere Schmerzen hat mir mein ehemaliges schwarzes Schaf nicht mehr zugefügt.

13

# ALLES ODER NICHTS

„Pia heißt du?" fragte ich die Zehnjährige, die vor mir am Lehrertisch stand und die ich gerade in die Klassenliste eintrug.

Es war in der Zeit, als unserer Volksschule noch eine Art höherer Schule angeschlossen war, die den eigenartigen und selbstbewußten Namen „Selekta" — „die Auserlesene" — trug. Diese Einrichtung hatte immerhin den großen Vorteil, daß die Kinder unserer abgelegenen Gegend, die weiterlernen wollten, nicht schon als Zehnjährige täglich eine stundenlange Bahnfahrt aushalten mußten, sondern erst als Vierzehnjährige zur Stadtschule übergingen. Damals gab es noch nicht die günstigen Zug- und Busverbindungen.

Die Lehrer der Selekta gehörten zugleich der Volksschule und der höheren Schule an. Daher saß ich an jenem Aprilmorgen in der Sexta und trug die neuen Schüler und Schülerinnen ein.

Da sie auch aus den umliegenden Ortschaften und Gehöften kamen, kannte ich sie nicht alle von klein auf wie meine Volksschüler. Auch diese Pia war mir bisher noch nicht begegnet, und wenn sie mir begegnet war, so war sie mir nicht aufgefallen. Sie war ein sehr unscheinbares, ja unschönes Mädchen, klein, blaß, mit strähnigem, aschblondem Haar. Das einzige, was an ihr auffiel, waren die großen graublauen Augen, die aber auch nicht schön zu nennen waren, eher klug, forschend, kritisch, überlegen.

Und überlegen, spöttisch blickte mich das Mädchen auch an, als es antwortete: „Ja, ich heiße Pia. Gefällt Ihnen der Name nicht?"

„O doch", erwiderte ich verblüfft, „aber er ist hier nicht gebräuchlich."

„Man muß nicht haben, was alle Leute haben", entgegnete die Kleine kurzweg.

15

Ich schaute sie noch erstaunter an. Was gab diese Zehnjährige für Antworten! Das konnte nett werden! Doch ich
erteilte keine Rüge, ich wollte nicht voreilig sein, sondern
abwarten. „Pia heißt ‚die Fromme‘ “, sagte ich langsam.
„Ich weiß“, bestätigte das Mädchen und kräuselte die
Lippen, „wir sind aber nicht fromm. Kann ich mich jetzt
zu meiner Freundin in die erste Bank setzen?“
Ohne abzuwarten wandte Pia sich um, legte ihre Mappe
auf den vordersten Tisch und nahm neben der hübschen
Blondine Platz, mit der sie vorhin in die Klasse getreten
war.
Ein eigenartiges Kind, dachte ich und schaute sie forschend an. War sie schnippisch, überheblich, hochmütig?
Oder war sie sich gar nicht bewußt, daß solche Antworten
ungehörig, ungezogen waren? War es ihre Art, so zu spre-
chen? War sie altklug? Oder war sie gar wirklich „alt“,
älter als ihre Jahre?
Ich hatte an diesem Morgen keine Zeit, mich weiter in
Gedanken mit der neuen Schülerin zu beschäftigen.
Am Abend, als ich die Namen der frischgebackenen
Sextaner aus der Liste in das Klassenbuch übertrug, ließ
ich bei Pias Namen den Federhalter sinken.
Pia von Velmede, Haus Velmede.
Ja, jetzt erinnerte ich mich des Herrensitzes jenseits des
Hochwaldes. Jetzt erinnerte ich mich der schlanken, schönen Frau, die vor einigen Wochen vorgefahren war und
ihre Tochter für unsere Selekta angemeldet hatte. Ihr Er-
scheinen hatte Aufsehen erregt, denn damals war sie weit
und breit die einzige Dame, die ein Auto besaß und es sogar selber steuerte.
Sie schien überhaupt eine große Sportlerin zu sein. Man
hatte mir erzählt, daß sie früher Turnierreiterin gewesen
sei und selbst nach einem schweren Unfall nicht ganz auf
diesen Sport verzichtet habe. Als sie an jenem Märzmor-
gen in die Schule kam, war sie tiefgebräunt von einem
Skiaufenthalt in den Bergen.
„Eine blendende Erscheinung“, hatte der jüngste Kollege festgestellt.

16

Und diese schöne Frau, die zudem noch solch ein gewinnendes, liebenswürdiges Wesen hatte, war die Mutter der unschönen, unliebenswürdigen Pia.

Ob ihr das nicht schmerzlich war? Aber Mütter lieben auch ihre häßlichen Entlein, selbst wenn keine Hoffnung besteht, daß sich daraus stolze Schwäne entwickeln.

Schmerzlicher war es vielleicht dem Vater, daß dieses einzige Kind kein Sohn war, der einst den Besitz erben würde. Es handelte sich dabei weniger um das alte Gut im Walde, den Wohnsitz der Familie, als um das Eisenwerk Velmede, das die meisten männlichen Einwohner des Nachbarortes beschäftigte.

Pia schien sich um die Enttäuschung, die sie wahrscheinlich ihren Eltern bereitet hatte, wenig zu kümmern, ja sie noch nicht einmal zu ahnen. Mit der ihr eigenen Sicherheit betrat sie auch in den folgenden Wochen und Monaten die Klasse und nahm aufmerksam am Unterricht teil. Ihre raschen, knappen Antworten faßte ich schon bald nicht mehr als schnippisch auf, sondern wertete sie als Äußerungen eines kühlen Verstandes, der alles scharf beobachtete und beurteilte.

„Ich wollte, ich hätte nur einen Teil von dem Selbstbewußtsein dieser Pia Velmede", seufzte eines Morgens, als Pia schon ein Jahr bei uns war, unsere junge, recht schüchterne Kollegin, während wir Lehrer miteinander am Schultor standen.

„Na, wenn Sie die Geldsäcke des Herrn Papa hinter sich hätten, träten Sie auch so auf", meinte Lehrer Berger.

„Ich glaube nicht, daß sich Pia etwas auf den Reichtum ihres Vaters einbildet", widersprach unser Rektor. „Sie geht eigentlich recht bescheiden einher. Sehen Sie sich doch ihre Freundin Else an! Jeden Tag ein anderes Fähnchen, eine andere Haarschleife!"

„Nun ja", meinte Lehrer Weber, „wenn man aus einer gut besuchten Sommerfrische und Ausflugsstätte stammt und dazu noch hübsch ist, muß ja die weibliche Eitelkeit schon früh Ranken treiben. Die beiden sind auch nur Freundinnen, weil Pia morgens dort vorbeikommt

17

und Else mitnimmt. Größere Gegensätze gibt es doch kaum."

„Die Else wird später wegen ihres hübschen Gesichtes geheiratet, und bei Pia kommt einmal Geld zu Geld", spottete Kollege Berger.

„Das wird es nicht!" tönte da eine ruhige Stimme hinter uns.

Wir wandten uns überrascht um. Es war Pia.

„Ich soll diesen Brief von meinem Vater abgeben", fuhr sie mit der gleichen Gelassenheit fort und reichte dem Rektor einen großen blauen Umschlag.

Wir schauten ihr betreten schweigend nach, als sie ohne Hast von uns fort zu den andern Mädchen auf dem Schulhof schritt.

„Komisch", murmelte Lehrer Berger und lachte verlegen.

Ich hatte an diesem Tag eine Religionsstunde in der Quarta. Pia wohnte auch diesem Unterricht aufmerksam, aber kühl bei und sagte die aufgegebenen Sprüche und Verse korrekt, aber so nüchtern und innerlich unbeteiligt her wie die Lösung einer Rechenaufgabe.

Ich machte mir auch an diesem Morgen keine Illusionen, daß mir das, was ich schon seit einem Jahr ersehnte und erbetete, gelingen würde: nicht nur Pias Verstand, sondern auch ihr Herz anzurühren.

Der für diese Woche vorgeschriebene Lehrstoff war auch nicht sehr geeignet, von Kindern in seiner Tiefe erfaßt zu werden. Die Gleichnisse von der köstlichen Perle, dem Schatz im Acker standen im Lehrplan, diese Geschichten, die so kurz und allgemein verständlich, so „kinderleicht" zu begreifen und doch so schwer sind, wenn man sie wirklich als Gleichnisse betrachten und auf das eigene Leben anwenden will.

Pia hörte zu, las in ihrer Bibel nach, schaute mich kritisch an und — hakte ein: „Wie konnte er als Kaufmann alles verkaufen? Womit sollte er weiter handeln?"

„Er ist von da ab kein Kaufmann mehr gewesen", versuchte ich zu erklären. „Es ist ein Gleichnis, Pia. Der Herr will uns damit sagen, daß wir alles für das Eine, das Himmelreich, hergeben sollen."

„Und wer tut das?" fragte Pia in ihrer knappen Art, und es schien mir ein leiser Spott in ihrer Stimme mitzuschwingen.

„Oh", rief ich eifrig, „da sehe ich einen langen, endlosen Zug von Menschen vor mir, der durch die Jahrhunderte reicht, angefangen bei den ersten Jüngern am See Genezareth, von denen es heißt: Sie verließen alles und folgten ihm nach. — ‚Für einen vollen Kranz dies arme Leben ganz‘, hat einer aus dieser großen Schar gedichtet. Ganz oder gar nicht, alles oder nichts, heißt es, wenn wir uns für Christus entscheiden."

Pia betrachtete mich forschend. „Alle Leute hier im Ort und rings umher sind Christen", sagte sie dann langsam; „wer von ihnen hat alles aufgegeben?"

Ich schwieg. Ja, wer von uns Christen macht noch so ernst mit seinem Christsein?

„Christus verlangt nicht von jedem, daß er seine Familie, seine Arbeit verläßt", entgegnete ich zögernd. „Wir können ihm auch an der Stelle, wohin wir gestellt sind, als echte Christen dienen und ihm ganz gehören."

Pia schaute mich immer noch so seltsam an, daß es mir unbehaglich wurde. Aber dann atmete ich auf; es war mir etwas eingefallen: „Einen Menschen, der für Christus alles hingab, kannst du heute kennenlernen", fuhr ich erleichtert fort. „Wir haben diese Woche Evangelisation in der Kirche. Der Redner war früher ein angesehener und erfolgreicher Rechtsanwalt und gab seine gute Praxis auf, um Christus allein zu dienen."

Nach dieser Unterhaltung in der Religionsstunde wunderte ich mich nicht wie die andern Leute, als Pia am Abend mit Else, ihrem getreuen Schatten, in der Kirche erschien, der Freundin voran durch den Mittelgang schritt und vorn in der esten Bank Platz nahm.

Ich wunderte mich allerdings, als Pia auch am zweiten Abend wieder mit Else in der Kirche auftauchte. Zu meiner Erleichterung bemerkte ich, daß die beiden Mäd-

19

chen diesmal nicht allein durch den dunklen Wald gekommen waren, sondern sich Frau Brinker und deren ältestem Sohn angeschlossen hatten.

Frau Brinker war eine stille, fleißige Frau, die als Witwe mit ihren Kindern in einer ehemaligen Holzhauerbaracke nicht weit von Haus Velmede wohnte. Ihr ältester Sohn, ein frischer, blonder Junge, war in unserem Ort in der Schlosserlehre. Ich hatte ihn schon oft des Morgens mit Pia und Else daherkommen sehen. Das war mir ein Beweis gewesen, daß Pia nicht so hochmütig war, wie Lehrer Berger sie einschätzte.

Dieser Kollege hatte schon mehrmals sein Erstaunen über die seltsame Freundschaft geäußert. Noch erstaunter war er, als Pia nun Abend für Abend mit Else und den Brinkers die Evangelisation besuchte, wie ihm andere erzählt hatten. Und so wie er sprachen noch viele darüber. Der Gipfel alles Verwunderns aber wurde erreicht, als am letzten Abend dieser Woche der Redner diejenigen, die sich von jetzt ab zu Christus bekennen wollten, bat, nach vorne zu kommen. Man hätte eine Stecknadel fallen hören können, als sich Pia von Velmede mit ruhigen Schritten zum Altar begab und ihre über und über errötende Freundin an der Hand hinter sich herzog.

Es war in den nächsten Tagen der Gesprächsstoff des ganzen Ortes und seiner Umgebung. Auch wir Lehrer redeten ausgiebig darüber.

„Daß das die Eltern dulden!" entrüstete sich Lehrer Berger.

„Nun, die Frau Mama ist wieder zum Wintersport in der Schweiz", erklärte Kollege Weber, „und der Vater hat andere Sorgen. Zudem soll er geäußert haben, er halte es mit Friedrich dem Großen und lasse jeden, auch seine Tochter, nach seiner Fasson selig werden."

„Er wird sich als vernünftiger Mann denken können, daß so etwas meist nur Strohfeuer ist, besonders bei so jungen Dingern", meinte unser Rektor. „Warten wir ab, wie lange das vorhält!"

Wir warteten ab. Ich selbst aber wartete nicht spöttisch

lächelnd wie die andern, ich wartete in banger Sorge. Ich mußte ja unserem Rektor recht geben: es war fast sicher, daß Pia nicht ausharren würde, nicht ausharren konnte in einer Umgebung, wo ihr Glaube keinen Halt und keine Nahrung, sondern nur Widerstand, Ablehnung, höchstens Gleichgültigkeit finden würde.

Und doch bewies sie in den folgenden Wochen und Monaten, daß das Feuer, das in ihr aufgeflammt war, nicht nur von Stroh genährt worden war. In der Schule änderte sich zwar in ihrem Verhalten nichts. Sie war ja immer gewissenhaft, aufmerksam, fleißig gewesen. Auch jetzt war sie eine gute, aber zurückhaltende Schülerin. Ich selbst wagte nicht, mich in ihr Vertrauen zu drängen. Scheute ich mich vor Pias vornehmen Eltern oder noch mehr vor Pias ruhig verschlossenem Wesen?

Aber auch ohne meine Hilfe blieb sie auf dem eingeschlagenen Weg, in der Hand dessen, dem niemand sein Eigentum aus der Hand reißen kann.

Ich erfuhr, daß sie sich dem Jungmädchenkreis angeschlossen hatte. Ich traf sie in der Kirche, in den viel belächelten Gebetsstunden der Gemeindeschwester. Sie sang im Jugendchor mit. Ich sah sie mit Else Alten- und Krankenbesuche machen.

„Ich freu mich!" sagte ich einmal leise im Vorbeigehen zu ihr und drückte ihr die Hand. „Ich mich auch!" antwortete sie mit aufleuchtenden Augen und erwiderte meinen Händedruck.

Aber immer blieb in mir die leise Angst: Würde Pia durchhalten? Ach, wie viele meiner Schulkinder hatten einst den Heiland von Herzen geliebt, und später hatten die Sorgen und die Reichtümer der Welt ihren Glauben überwuchert und erstickt. Was würde mit Pia werden, wenn sie einmal in das gesellschaftliche Leben ihrer Eltern eingeführt würde, wenn ihr die Macht des Reichtums in glanzvollen Veranstaltungen vor Augen träte, wenn allerlei Versuchung an sie heranschliche? Würde sie fest bleiben, wenn sie einen Mann ihrer Kreise heiratete, Geld zu Geld, wie der Kollege gesagt hatte?

21

Diese Gedanken bewegten mich besonders vor der Entlaßfeier, nach der auch Pia von uns scheiden und mir aus den Augen kommen würde.

Einige Tage vorher kam überraschender Besuch zu mir: Pias Mutter. Die schlanke, sportliche Dame war nicht so strahlend liebenswürdig und redegewandt, wie ich sie in Erinnerung hatte. Sie schien mir bedrückt. „Ich mache mir Sorge wegen unserer Tochter", erklärte sie mir.

„Das brauchen Sie nicht", versicherte ich, „Pia wird die Aufnahmeprüfung in der Stadt glänzend bestehen."

„Ach, darum handelt es sich nicht", wehrte sie mit einer lässigen Handbewegung ab. „Pia, mein einziges Kind . . ." Sie hielt ein, stützte den Kopf, wollte sich zusammenraffen. Aber dann holte sie doch aufschluchzend ihr duftendes Taschentuch hervor.

„Was ist denn geschehen?" fragte ich bestürzt.

„Entfremdet, vollkommen entfremdet ist mir mein einziges Kind, und daran sind Sie auch nicht unschuldig", klagte Frau von Velmede. „Seit Jahr und Tag gehört unsere Pia zu den ‚Fienen', den Überfrommen, das wissen Sie so gut wie ich, und Sie haben sie noch dazu angeregt, darin bestärkt! Nun, wir haben ihr das Vergnügen gelassen! Wir hatten nicht einmal etwas dagegen, wenn sie abends mit den Holzhackerleuten in irgendwelche Stündchen lief. ‚Jedem Tierchen sein Pläsierchen', scherzt mein Mann immer. Wir bildeten uns ein, sie würde schon von selber vernünftig. Ich habe sie sogar spaßeshalber dann und wann selber in so ein verrücktes Ferienlager gefahren, das sie einem Aufenthalt mit ihren Eltern an der Riviera vorzog. Wir waren dann ja auch ungebundener! Hätte ich nur nicht! Anstatt daß Pia zur Einsicht kam, ist es immer schlimmer mit ihr geworden. Ihre Freundin Else, das Bählamm, hat sie natürlich mit dem Blödsinn angesteckt. Ihr Vater macht uns jetzt Vorwürfe. Diese Else weigert sich — natürlich auf Pias Befehl —, die Wirtsstube zu betreten und ein Glas Bier zu bringen. Und unsere Pia weigert sich, aus ihrem Zimmer zu kommen, wenn wir harmlose intime Karnevalsveranstaltungen haben, weigert sich sogar, an unseren Werkfesten teilzunehmen, wo zu guter Letzt ein harmloses Tänzchen gedreht wird. Jedes junge Mädchen hätte Freude daran, als Tochter des Besitzers gefeiert zu werden. Und sie — das überspannte Ding — hat anscheinend samt der Else die Absicht, ins Kloster zu gehen. Na ja, wir sind nicht katholisch. Aber etwas Ähnliches hat Pia vor. Sie will keine Aufnahmeprüfung in der Stadt machen. Sie will von zu Hause, von ihren Eltern fort! Sie hat sich selber ein Internat ausgesucht, mit Schwestern und was weiß ich. Da will sie eintreten und bis zum Abitur bleiben. Und nun komme ich auch im Auftrag meines Mannes zu Ihnen und bitte Sie sehr eindringlich: Machen Sie wiederum Ihren Einfluß geltend! Ich weiß, daß Pia viel von Ihnen hält. Verweisen Sie sie auf das sechste Gebot!"

„Auf das sechste?" fragte ich verblüfft.

„Nun ja, oder das achte, Sie wissen schon, welches ich meine. Du sollst deine Eltern ehren. So ähnlich lautet es wohl. Ist das Christentum, wenn Pia ihr Elternhaus, ihre Eltern verlassen will? Das halten Sie ihr einmal vor!"

„Viele Söhne und Töchter aus unserer Gegend sind in Internaten", versuchte ich zu beschwichtigen. „Pia wird ja immer in den Ferien nach Hause kommen."

Aber in mir klangen die Worte: „Wer Vater oder Mutter verläßt um meinetwillen ..."

Und Pia verließ Vater und Mutter. Bei unserer Schlußfeier in der Schule war sie strahlend fröhlich.

„Wie wird es nun, Pia?" raunte ich ihr zu. „Gilt immer noch: Alles oder nichts!"

„Alles!" antwortete sie so laut, daß die andern sich nach uns umwandten.

Wie ich der Mutter vorausgesagt hatte, kam Pia in den Ferien nach Hause. Dann besuchte sie wieder den Mädchenkreis, die Bibelstunden. Sie sang mit im Chor, und immer häufiger sah ich sie in diesen Ferienwochen in Begleitung des hochaufgeschossenen blonden Heinz aus dem Holzhackerhaus.

Mit Else verkehrte sie kaum noch.

„Ich hätte Else nicht im Stich lassen dürfen", sagte sie zu mir, als sie mich einmal besuchte, und dabei sah sie mich an, als wenn sie mir eigentlich sagen wollte, daß ich mich hätte um Else kümmern müssen.

Ich senkte vor meiner ehemaligen Schülerin den Blick. Ich wußte, daß dieser Vorwurf berechtigt war. Wieder, wie so oft in meinem Lehrerinnenleben, konnte ich nur bitten: Vergib uns unsere Schuld!

Else hatte es schon längst aufgegeben, der Wirtsstube und dem Tanzboden fernzubleiben.

„Ich sah sie noch ab und zu in der Kirche", entschuldigte ich sie.

„Ganz oder gar nicht", erwiderte Pia in ihrer knappen Art, „alles oder nichts!" —

„Die Geschichte von Pia wird immer schöner. Sie ist wie ein Märchen, ein Aschenputtelmärchen; nur, daß hierbei der junge Mann Aschenputtel und das Mädchen Königstochter ist. Geld wird nicht Geld heiraten."

So schrieb ich vor vielen Jahren in meinem Tagebuch über Pia nieder. Und so dachte ich auch, als Pias Vater den Holzhauerssohn auf seine Kosten die Ingenieurschule besuchen ließ. Gewiß würde er ihn später in seine Firma aufnehmen. Würde er ihn auch zum Juniorchef machen, zum Nachfolger bestimmen?

Sicher hatte das seine Tochter bei ihm durchgesetzt, die den männlichen Willen, die Zielstrebigkeit des Vaters geerbt hatte, die genau wußte, was sie wollte, und sich den zukünftigen Mann selber ausgesucht hatte!

Schon malte ich mir aus, welch ein Segen aus solch einer Ehe, einer Familie ausgehen würde, wenn Reichtum mit lebendigem Christentum zusammenkäme.

Aber die Wirklichkeit wurde ganz anders. Obwohl ich eigentlich zu den Unbeteiligten gehörte, war es mir wie ein Schlag auf den Kopf, ein Schlag auf mein törichtes Herz, als ich die Nachricht erhielt: Heinz heiratet Else!

Das war eine Überraschung, wiederum ein Gesprächsstoff für die ganze Gegend.

Wie wird Pia dies ertragen? fragte ich mich. Wird ihr Glaube nicht erschüttert werden? Wird sie ihn gar hinwerfen, ihren himmlischen Freund verlassen, so wie sie von ihren irdischen Freunden verlassen, verraten worden ist? Wird sie ihm die Treue brechen, wie ihr die Treue gebrochen wurde?

Ich habe nie erfahren, wie Pia die Nachricht aufgenommen hat. Ich habe sie nicht wiedergesehen. Wahrscheinlich hat sie auch mit keinem Menschen darüber gesprochen.

Aber eines habe ich erfahren: ihr Glaube ist daran nicht zuschanden geworden.

Sie studierte nach dem Abitur im Ausland, wo sie sich wohl auch mit ihren Eltern traf. Ihr Vater starb plötzlich, die Mutter zog in einen Kurort. Heinz fiel im zweiten Weltkrieg.

Pia selbst wirkt als Missionsärztin unter dem Kreuz des Südens.

Sie verließ alles und folgte Ihm nach.

# PHILIPPCHEN

Ich kannte ihn schon, ehe er zu mir in die Schule kam. Das war bei den meisten meiner I-Männchen so. Über Philippchen jedoch machte ich schon Monate, bevor er meiner schulmeisterlichen Obhut anvertraut wurde, kurze, aber ergötzliche Notizen in mein Tagebuch.

Ich wohnte damals außerhalb des Schulortes. Mein Weg führte mich täglich an dem kleinen, sauberen Haus bei der Wegkreuzung vorbei, das Philippchens Vater, der Viehhändler Heß, einige Jahre zuvor gekauft hatte.

Das rundliche, kraushaarige Bürschchen erwartete mich jeden Morgen schon unter dem Hoftor und rief mir einen lauten Gruß entgegen. Von viel Ehrerbietung schien dieser Morgengruß allerdings nicht zu zeugen, aber vielleicht ist es bei einem Viehhändlerssohn doch als Schmeichelei entgegenzunehmen, wenn er einen „alti Sau" tituliert. Bös klangen diese Worte jedenfalls nicht, eher gemütlich-vertraulich, und eines Tages näherte sich Philippchen mir sogar ganz vertrauens- und unschuldsvoll, öffnete eine seiner kräftigen Fäuste, zeigte mir eine Handvoll Nüsse und fragte unternehmungslustig: „Wolle mir handle? Was gibschte mir dafür?"

Leider hatte ich keine Tauschware anzubieten. Philippchen verließ mich enttäuscht.

Aber ich schien doch in seiner Wertschätzung gestiegen zu sein, denn am nächsten Morgen überraschte er mich, anstatt mit dem gewohnten Morgengruß, mit einer unheimlich tiefen Verbeugung und einem gedehnten, feierlichen „Gute Morje, Fräulein!"

Worauf die stattliche Mama strahlend in der Haustür erschien und lobte:

„So isch's recht, Philippche! Gute Morje, Fräulein! Ich hab zu unserm Philippche gesagt: ‚Philippche, paß auf,

27

das isch e Fräulein Lehrerin. Eschtimier se![1] Das gibt auch emal dei Fräulein Lehrerin!'"

Ein Vierteljahr danach hatte sich dieser Schicksalsspruch bewahrheitet: Ich war Philippchens Lehrerin geworden. Ich konnte nicht über ihn klagen. Er „eschtimierte" mich. Er war höflich, gehorsam, artig. Er war auch aufmerksam und fleißig, soweit es seine molligen Fettpolsterchen zuließen.

Zugleich war er noch rege genug, einen schwunghaften Handel mit Griffeln, Messern, Abziehbildern, den ersten Schneeglöckchen, Flötepfeifen und allem Möglichen und Unmöglichen einzuführen.

Trotz diesem ausgeprägten Erwerbsgeist aber war er von einer rührenden Gutmütigkeit und Freigebigkeit. Bald steckte er dem einen, bald dem andern kleinen Mitschüler etwas zu, und lächelnd lauschte ich einmal in einer Pause, wie er dem blassen Ferdi ein Riesenbutterbrot aufdrängte und anpries: „Davon wirschte stark! Das isch gute Wurscht! Das isch koschre Wurscht!"

Er hatte diese Freigebigkeit wohl von seiner Mutter geerbt, an die sich unsere Frauenhilfe und der damalige „Vaterländische Frauenverein", dessen Mitglied sie sogar war, getrost und ohne je eine Fehlbitte zu tun, wenden konnten, wenn irgendwo Hilfe not tat. Wie oft sah ich Philippchen mit einem Eßkessel zu irgendeinem Kranken laufen!

„Frau Heß ist eine gute Frau", wurde sie gelobt. Nun, und Philippchen, ihr Jüngster, dessen Geschwister schon längst an anderen Orten verheiratet waren, war ein ebenso guter Junge.

Seine Gutmütigkeit bewies er auch damit, daß er sich in Märchenspielen wie „Schneeweißchen und Rosenrot" unverdrossen als Bär herumzerren und walken ließ und daß sämtliche Königssöhne auf seinem kräftigen Rücken reiten durften. Nur allzu scharfen Galopp durften sie

1 Achte sie!

28

nicht von ihm verlangen. Sonst ließ er alles mit sich geschehen. Diese Gutherzigkeit war wohl auch der Grund, daß er bei allen Klassenkameraden beliebt war.

Ich hatte schon gefürchtet, er würde als ein Kind anderer Mundart und — anderer Rasse gemieden werden. Aber keines schien auf den Gedanken zu kommen, daß er nicht zu uns gehöre. Seine gelassen hingeworfenen Randbemerkungen zu meinen Erzählungen wurden von allen beifällig und ohne Widerspruch aufgenommen und gehörten bald zu meinen Berichten wie die Glossen in einem alten Mönchsbuch.

Da hieß es zum Beispiel bei der fleißigen Goldmarie: „Ja, wenn's anhält! So sind die Mädchen immer im Anfang!"

Bei Josephs und Marias Flucht mit dem Jesuskinde meinte er nach der Bildbetrachtung: „Ja, wenn sie doch Geld für e Eselche hatten, so konnten sie doch auch e Wägelche kaufe. No hätte sie alle drei fahre könne!"

Obwohl er Jude war, hatte er das erste Jahr unentwegt am Religionsunterricht teilgenommen. Wahrscheinlich hatten seine Eltern nichts dagegen einzuwenden, daß er die Geschichten von Adam und Eva, von Noah, von Joseph hörte. Waren es doch die Geschichten ihres eigenen Volkes.

Als ich dann aber in der Adventszeit Philippchen beiseite nahm und ihm vorsichtig beizubringen suchte, daß er von jetzt ab morgens eine halbe Stunde später kommen solle, um nicht an den Adventsandachten und dem jetzt auf Weihnachten zugeschnittenen Religionsunterricht teilnehmen zu müssen, da schaute er mich so entgeistert an, daß ich es nicht übers Herz brachte, ihn auszuschließen. Ob es seine Eltern auch nicht übers Herz brachten, oder ob er so schlau war, ihnen nichts davon zu berichten?

Ich hinderte ihn nicht, unter den Lichtern des Adventskranzes mitzusingen, die Fensterchen des Adventshäuschens mit den andern Kindern zu öffnen, die Sprüche mitzusprechen und die ganze selige Vorfreude meiner Kleinen mitzuerleben.

Es war schon hart genug für ihn, daß er an dem Krippenspiel und an der kirchlichen Feier nicht teilnehmen durfte, und seine Augen wurden groß, fragend und sehnsüchtig, wenn die andern begeistert vom Weihnachtsbaum und vom Christkind erzählten.

Eines Morgens aber berichtete er stolz und aufgeregt: „Wir feiern auch Weihnachten mit Lichtern und Geschenken, und mein Vater sagt etwas auf!"

Es tut mir heute noch leid, daß ich ihn darum zurechtwies und ihm vorwarf, er schwindle. Ich schalt ihn nicht so streng, wie ich sonst Lügen ahndete, denn ich glaubte, er habe das erfunden, weil er traurig war, daß er bei allem Weihnachtserzählen immer abseits stehen mußte. Ich wußte damals noch nicht, daß auch die Juden in der Winterzeit ihr Lichterfest feiern.

Am gleichen Tag, an dem ich Philipp mit meinem ungerechtfertigten Tadel enttäuscht hatte, überkam ihn aber solch eine Freude, daß er alle Kränkung vergaß.

Ich merkte, daß er während der ersten Stunde mit gesenktem Kopf dasaß, und nahm an, daß er sich noch wegen seiner vermeintlichen Flunkerei schäme. Ich hatte die Geschichte von den Weisen aus dem Morgenland erzählt und gemäß dem Bibeltext begonnen:

„Als Jesus geboren war in Bethlehem im jüdischen Lande, da kamen die Weisen aus dem Morgenlande gen Jerusalem und fragten: Wo ist der neugeborene König der Juden?"

Wir hatten uns dann miteinander über die Geschichte unterhalten. Philipp hatte sich nicht beteiligt. Er hatte nur immer schweigend auf die Tischplatte gestarrt.

Plötzlich jedoch sprang er so lebhaft auf, wie ich es gar nicht an ihm gewohnt war, und rief, ohne erst zu melden, ohne meine Aufforderung abzuwarten: „Der König der Juden! War Jesus ein Jude, ja? Jesus war ein Jude! Jesus war ein Jude!"

Heute sehe ich noch das strahlende, überglückliche Gesicht vor mir. Er konnte sich vor Aufregung und Begeisterung gar nicht fassen.

„Feiert ihr nur Weihnachten mit eurem Weihnachtsbaum!" rief er in die Klasse. „Aber er gehört mir doch ganz besonders. Er ist ein Jude!"

Die andern Kinder schauten Philipp verdutzt an. Dann wandten sie sich fragend mir zu.

„Der Herr Jesus ist Gottes Sohn und gehört uns allen", beschwichtigte ich. „Wir wollen uns mit Philipp freuen, daß er auch ihm gehört. Und in unserer Freude singen wir jetzt: Vom Himmel hoch!"

Philipp sang kräftig mit. Ich war froh, daß er sich bei diesem Gesang langsam beruhigte. Er wäre sonst fähig gewesen, auf dem ganzen Heimweg zu rufen: „Jesus war ein Jude!"

Und ob er das hätte so unbeanstandet tun dürfen?

Schon begann auch in unserem abgelegenen Ort der spätere Verführer unseres Volkes Anhänger zu gewinnen. Noch glaubten viele, er würde dem deutschen Volk ein rechter Führer werden, und meinten, er stehe auf christlichem Boden.

Wie wenig wir in unserer Abgeschiedenheit von seinen wahren Zielen ahnten, geht daraus hervor, daß drei Jahre später auch Philippchen, der inzwischen ein stattlicher Philipp und gewandter Turner geworden war, harmlos in die „Hitlerjugend" eintrat und von ihrem braven Führer hier ebenso harmlos aufgenommen wurde.

Lange dauerte diese Freude für Philipp allerdings nicht. Es war sein erster Kummer, daß er nach kurzer Zeit wieder aus dem braunen Trüppchen austreten mußte. Verstehen konnte er es so wenig wie seine Kameraden. Aber es waren ja noch längst nicht alle Jungen in die HJ eingetreten, und so tröstete er sich damit, daß er an den Nachmittagen, an denen die andern „Dienst" hatten, doch noch genügend Spielgefährten haben würde.

In jenem Frühjahr wurde er in das fünfte Schuljahr versetzt und verließ meine Unterstufe. Ich war froh darum. Aus Feigheit freute ich mich, Philipp los zu sein. Nach allem, was ich inzwischen gelesen und gehört hatte, ahnte ich schon, daß man immer grausamer gegen die Juden vorgehen würde, daß man sie zum mindesten immer mehr absondern, ausschließen würde. Und wie sollte ich mich dann als Klassenlehrerin, die alle ihre Schüler liebte, lieben sollte, verhalten? Sollte ich dann Philipp kaltherzig beiseite schieben, aus unserer Klassengemeinschaft ausstoßen? Nein, das brachte ich nicht übers Herz. Das konnte ich einfach nicht. Und ihn schützen, mich vor ihn stellen? Auch das brachte ich nicht fertig. Auch das konnte ich nicht — aus Feigheit! Ich wollte mich, wie so viele, in das Nichtwissen, in das Nichts-davon-Sehen-und-Hören flüchten!

Und dann erlebte ich doch eines Morgens mit, was ich gefürchtet und nicht hatte miterleben wollen.

Als ich auf den Schulhof trat, stand Philipp nicht wie gewöhnlich unter seinen Mitschülern, sondern abseits an der Mauer, die andern dagegen ein Stück von ihm entfernt auf der andern Seite des Schultors. Sie betrachteten ihn schweigend und scheu wie ein wildes Tier. Es war ein ungewohntes, drückendes Schweigen.

Als ich näher kam, sah ich, daß Philipp aus der Nase blutete und daß sein Ärmel zerrissen war.

„Fräulein!" schrie er und umfaßte mich wild mit beiden Armen, „sie gehen nicht mehr mit mir zur Schule, sie gehen nicht mehr mit mir auf die Straß! Sie dürfen nicht, hat der Heinz gesagt. Und es ist ein Plakat an die Mauer hier geklebt: Die Juden sind unser Verderben! — Was hab ich denn verdorben? Was hat meine Mutter euch verdorben? Der große Otto hat mich ‚Judenschwein' gescholten. Er hat mich auf die Nas geschlagen. Als ich mich gewehrt hab, hat er mich auf den Boden geworfen. Und keiner hat mir geholfen! Keiner! Warum denn hassen sie mich? Warum denn?"

Er wandte sich zu den andern.

„Was hab ich euch getan?" schrie er noch lauter und bebte dabei am ganzen Körper. „Was haben wir Juden euch denn verdorben? War Jesus nicht ein Jude?"

Ich schaute hilfesuchend zu den Lehrern hinüber. Oh, sie waren geradeso feige wie ich. Sie hatten sich auf die andere Seite des Schulhofs zurückgezogen. Nur der Rektor kam langsam auf uns zu. Er war ein feiner Mann. Er wurde wenige Tage danach entlassen.

Er winkte mir zu. Ich löste mich von Philipp und trat zu ihm.

„Sagen Sie ihm, er solle nach Hause gehen", raunte er mir zu. „Er bekomme Bescheid, wann er wieder zur Schule kommen solle."

Mit gesenktem Kopf verließ Philipp den Schulhof. Die Lehrer und Schüler sahen ihm schweigend nach. Ich bin gewiß, er tat ihnen allen leid.

In unserm Ort gab es in jenen Jahren im allgemeinen keine gehässigen Ausschreitungen, und alles, was an Unerfreulichem geschah, war von außen hereingetragen worden. Aber feige sind wir fast alle gewesen. Und darüber sollten wir uns nicht beruhigen.

Ich sah Philipp wochen-, monatelang nicht mehr, und wieder war ich froh darum, denn ich hätte nicht gewußt, wie ich mich ihm gegenüber verhalten sollte.

Eines Tages hörte ich, daß man seinen Vater zum „Arbeitseinsatz" geholt habe.

Wovon und wie Philipp und seine Mutter lebten, weiß ich nicht. Es nahm sich wohl keiner von uns der Frau an, die so viel Gutes getan hatte. Wenn man ihr dann und wann begegnete, wagte niemand, mit ihr zu sprechen oder sie auch nur zu grüßen.

Und dann wurde eines Morgens in der Schule erzählt, daß Frau Heß schon vor zwei Tagen einsam und ohne Hilfe gestorben sei. Wer mochte ihr in ihrer letzten Stunde beigestanden haben? Philipp? Und wer stand dem Jungen jetzt bei? Wäre es nicht unsere, meine Pflicht gewesen, nach dem Kind zu schauen? Aber wir wagten es nicht, weil es ein Judenkind war. Ein Judenkind wie einst der Knabe in Nazareth!

Spät am Abend schellte es bei mir zaghaft und leise.

Als ich öffnete, stand Philipp vor mir.

„Philipp!" flüsterte ich entsetzt.

Heute kann man sich ja kaum mehr vorstellen, was für eine Angst wir damals hatten! Aber ich schloß wenigstens nicht die Tür vor Philipp zu. Ich ließ ihn eintreten.

Er schlüpfte hinter mir in die Wohnung. Wie mein Herz klopfte! Wenn ihn nun jemand gesehen hatte!

Er merkte nichts von meiner Angst. Als er in meiner Stube saß, legte er den wild zerzausten Kopf auf den Tisch und schluchzte.

„Philipp!" sagte ich wieder leise und wußte nicht, was ich weiter trösten, mahnen, raten sollte.

Ich strich ihm über den Kopf und merkte, wie meine Hände zitterten. Die Angst kroch mir bis zum Halse hinauf, als schwere Schritte die Straße herunterkamen. Waren es schon die Schergen, die Philipp holen wollten? Ich machte mich ja mitschuldig, weil ich ihn in meine Wohnung aufgenommen hatte. Vielleicht würde man mich auch abführen, wie es meinem Vetter in Arnsberg schon geschehen war. War ich nicht aus einer verdächtigen Familie? War ich nicht eine der wenigen Lehrpersonen, die noch nicht aus der Kirche ausgetreten waren? Gab ich nicht als einzige in unserer Schule noch Religionsunterricht? Das alles wirrte mir jetzt durch den Sinn.

Und vor mir weinte der verlassene Junge.

„Sie haben meine Mutter nicht zum Grab tragen wollen", schluchzte er und hob anklagende Augen zu mir auf. „Nicht anrühren wollen haben sie den Sarg, weil sie eine Jüdin war."

„Sie waren deiner Mutter und dir nicht böse", tröstete ich, „sie waren nur bange, feige. Wie wir alle", fügte ich leise hinzu.

Philipp legte den Kopf wieder auf den Tisch. Er weinte, weinte, bis er ermattet die Augen schloß.

„Und jetzt?" fragte ich nach einer Weile leise.

„Gerad vorhin, als es dunkel wurde, sind doch vier Männer gekommen", berichtete er stoßweise und nannte darauf die Namen von vier älteren ernsten Christen.

„Aber wo soll ich jetzt hin?" stöhnte er. „Wenn ich in unserem Haus bleib, holen sie mich morgen früh und bringen mich fort. Das hat mir unsere Nachbarin zugeflüstert."

Wieder weinte er laut auf.

„Und bloß, weil ich ein Jude bin, will mich keiner aufnehmen", klagte er weiter. „War euer Herr Jesus nicht auch ein Jude?"

„Sie haben ihn auch nicht aufgenommen", antwortete ich leise. „Er kam in sein Eigentum, und die Seinen nahmen ihn nicht auf."

„Aber wo soll ich denn hin?" drängte Philipp. „Soll ich nicht am besten gleich in den Teich springen? Das tut nicht so weh wie das Verbrennen."

„Aber Philipp!" rief ich entsetzt.

Doch dann dachte ich: Hat er nicht recht? Was wäre das Schlimmere für ihn?

Aber nein, nein, zum Selbstmörder durfte er nicht werden. Ich überlegte. Es dröhnte in meinem Kopf. Bei jedem Schritt auf der Straße zuckte ich zusammen. Ob Philipp wohl wußte, in welche Gefahr er mich gebracht hatte? Nein, bei mir konnte er auch nicht bleiben. Ich konnte ihn auch nicht aufnehmen. Und selbst, wenn ich nicht zu ängstlich, zu feige gewesen wäre, so wäre er in unserm kleinen Ort, in meiner kleinen Wohnung doch nicht lange verborgen geblieben.

Da endlich fiel mir ein Ausweg ein.

„Du hast doch noch Geschwister! Hast du nicht sogar eine Schwester, die in Düsseldorf wohnt und dort mit einem Christen verheiratet ist? Die haben sie doch sicher noch nicht in ein Lager gebracht. Kannst du nicht zu ihr? In einer großen Stadt kann man sich besser verstecken. Man fällt nicht so auf. Vielleicht kann sie oder ihr Mann dir weiterhelfen, vielleicht ins Ausland. Dorthin haben sich schon viele Juden geflüchtet."

„Aber wie soll ich denn nach Düsseldorf kommen?" wandte er verzweifelt ein. „Wir dürfen doch nicht mit der Bahn fahren."

Ich krampfte die Hände ineinander. Gab es denn nirgends ein Licht? Zeigte sich nirgends ein Weg?

35

Und wieder fiel mir eine Familie ein, die mir und andern schon in allerlei Bedrängnis geholfen hatte. Ja, dorthin konnte Philipp gehen. Sie hatten einen Lastwagen, mit dem sie Waren lieferten. Unter den Kisten und Säcken konnten sie Philipp verbergen und nach Düsseldorf fahren. Und ich war gewiß, obwohl sie sich selber damit in Gefahr brachten, obwohl sie schon manches erduldet hatten und dauernd unter Verdacht standen, sie würden es auch tun um dessentwillen, der in seiner Erdenzeit ein Jude war.

Ich wollte mich stark machen und Philipp zu diesen Freunden begleiten. Aber seine alte Klugheit war bei meinem Vorschlag wieder erwacht. Er fiel als einzelner in der Nacht weniger auf als mit mir, der Frau, die sich auch nicht so gewandt verbergen, so geschwind daherhuschen konnte.

Philipp nahm Abschied von mir. Ich begleitete ihn bis zur Tür. Ich habe ihn nie wieder gesehen.

Er ist nach Düsseldorf gebracht worden. Kurz danach setzten dort die großen Judentransporte ein. Ob er mit dabei war?

Ich habe nie mehr eine Nachricht von ihm erhalten.

Oft aber fällt mir mitten in der Nacht dieser ehemalige Schüler ein, und dann klopft mein Herz laut und anklagend, und ich höre die Frage: „War Jesus ein Jude? Warum verfolgt ihr mich? Warum verfolgt ihr ihn?"

# ENGELKE UND DAS MUSTERKIND

„Sie heißt Angela, Engelke nennt sie ihr Großvater, aber sie ist alles andere als ein kleiner Engel. Sie ist so ungebärdig und läßt sich so schwer bändigen wie ihre Haare."

So stellte mir eine stattliche hellblonde Frau ihr ebenso kräftiges und blondes achtjähriges Töchterchen vor. Sie lachten alle beide dazu. Darum sagte ich, gleichfalls lächelnd: „Es wird wohl nicht so schlimm sein." Engelke nickte, daß ihre kurzen, ineinander gewirrten Locken flogen. „Die Menschen von der Wasserkante, woher Sie stammen, sind ja als ruhig und zurückhaltend bekannt", fügte ich noch zuversichtlich hinzu.

Die Mutter lächelte (ich wußte damals noch nicht, wie ich dies Lächeln deuten sollte), Engelke, die kein Engelchen war, lächelte desgleichen. Wenn das kein allseitig gutes Kennenlernen war! Sonnenschein auf den Gesichtern aller Beteiligten! So fing Angelas Laufbahn in meinem dritten Schuljahr an.

In den nächsten Tagen hielt diese Schönwetterlage noch an. Angela zeigte jeden Morgen stolz, von ihren eigenen Leistungen hoch befriedigt, ihre recht sorgfältig und groß geschriebenen Aufgaben vor, wobei mir auffiel, daß die Schmuckleisten, die Verzierungen, die bei meinen Kleinen so beliebt waren, bei Angela über das gewohnte Maß hinausstrebten, anstatt eine Zeile halbe Heftseiten beanspruchten und eine Vorliebe für kugelrunde, strahlende Sonnen aufwiesen.

Die große, hellblonde Angela strebte also nach Großem und Hellstrahlendem, konnte ich deuten. Sie ging anscheinend in allem, nicht nur in ihrer Körpergröße, über den Durchschnitt hinaus.

Schon in der ersten Musikstunde riß sie die Führung der kleinen Sängerschar mit wuchtiger Stimme an sich.

Das wäre nicht so schlimm gewesen, und unser Rektor, dem ich es halb lachend klagte, meinte sogar, es sei doch ganz gut, wenn man solch einen Leithammel in seiner Klasse habe. Mir aber tat es leid, daß die zarten, feinen Stimmen so unbarmherzig überschrien wurden und daß diese neue Vorsängerin zudem die Melodien oft eigenmächtig umgestaltete.

Ich mußte manchmal, wenn Angela mit hochrotem Kopf und aufgeblasenen Backen ihre Kantaten sang, an einen Kapitän auf hoher See denken, der seine Befehle in den Sturmwind brüllt. Manchmal erschien sie mir dann auch wirklich wie ein Engel, aber wie ein wohlbeleibter, gipsener Posaunenengel einer Barockkirche.

Ebenso aufgeplustert, mit wichtig vorgestrecktem Bäuchlein, stand sie vor der Klasse, wenn sie ein Gedicht vortrug. Aber das mußte ich ihr lassen: sie sagte ihre Sprüchlein und Verslein vortrefflich her, nicht nur mit der ihr eigenen Lautstärke, sondern auch hübsch betont. Darin, sowie in ihrer Körpergröße und ihrem Führertalent, entwickelte sie sich immer mehr zu einer nicht übersehbaren Konkurrenz unseres Musterkindes.

Christiane war wirklich ein Musterkind, ein wahrer Tugendspiegel. Ihre Hefte, ihre Malbücher hätten allesamt bei einer Ausstellung hervorragender Schülerleistungen Ehre eingelegt. Und nicht nur unsere Kinderverse, auch die einfachen Sätze der allgemeinen Unterhaltung sprach sie so deutlich, ohne verschluckte Endsilben, so sinngemäß betont, daß ich sie dauernd loben und als leuchtendes Vorbild hinstellen mußte, besonders, da sie auch die Artigkeit und Wohlerzogenheit in Person war, niemals während des Unterrichts schwatzte oder sich umwandte, stets aufmerksam und gesittet mit den Händen auf dem Tisch vor mir saß und mich unverwandt anschaute, als wenn ich der Pfarrer auf der Kanzel gewesen wäre. „Ich danke Ihnen für das Musterkind, das Sie mir geschickt haben", hatte ich zu der Lehrerin des Nachbarortes gesagt, wo Christiane das erste Jahr die Schule besucht hatte.

„O ja, sie ist ein Musterkind", hatte sie mir geantwortet, „man merkt, daß die Mutter Erzieherin war und nun nicht viel anderes zu tun hat, als an ihrer Einzigen herumzuerziehen. Das ist ihr so gut gelungen, und Christiane ist so vortrefflich, daß sie mir manchmal auf die Nerven fiel."

Damals hatte ich gestaunt, war über die Bemerkung sogar entrüstet gewesen. Später jedoch verstand ich sie.

Christiane begoß gewissenhaft die Blumen auf unseren Fensterbänken. Sie sorgte für ordentliche Tafellappen und auch dafür, daß sie regelmäßig zum Tafelreinigen benutzt wurden. Sie schob ihre Mitschüler und Mitschülerinnen in Reihen zurecht, wenn wir ausgehen wollten. Sie machte darauf aufmerksam, wenn Klaus Papierschnitzel unter die Bank warf oder Ingrid ihre Milchflasche nicht ganz leer getrunken hatte. Sie wies aber ihre Klassenkameraden nicht mit greller, herrischer Stimme zurecht, sondern ermahnte sie liebevoll, wie sie es wohl von der Frau Mama gehört hatte.

„Ach, was hast du einen wunderschönen Namen!" sagte Christiane, als sie Angela am ersten Tag begrüßte.

Angela schien davon sehr beeindruckt zu sein. Sie schaute Christiane verdutzt an.

„Ich wollte, so hieße ich auch", fuhr unser Musterkind freundlich fort, „ich möchte auch gern ein Engelchen sein."

„Das biste ja schon", rief Kurt aus dem Hintergrund.

„So schweig doch fein stille", mahnte Christiane hold verschämt, „so etwas sagt man doch nicht!"

Angela starrte sie immer noch an. Doch dann drehte sie sich entschlossen um und zeigte ihren breiten Rücken, und ich ahnte, daß es zu keiner Freundschaft kommen würde zwischen dem wuscheligen Krauskopf und der glattgekämmten Langzöpfigen.

Das war der Anfang.

Als an einem der nächsten Tage in der Frühstückspause wieder einmal Christianes wohllautende Stimme durch die Klasse flötete: „Ingelein, du hast deine Milchflasche nicht ganz leer getrunken! — Herbert, du hast

39

dein Taschentuch wieder vergessen! — Angela, du schaukelst auf deinem Stuhl hin und her, du wirst gleich umkippen und dir wehtun!" stellte Angela mit aller Wucht ihren Stuhl hin, daß es knallte, sprang auf, lief zu Christiane hinüber, und dann knallte es noch einmal — mitten in unseres Musterkindes Gesicht.

Ich war entsetzt, Christiane war entsetzt, und alle Kinder mit uns.

„Sag, daß es dir leid tut, daß du es nicht wieder tun willst!" befahl ich.

„Es tut mir gar nicht leid, und ich weiß nicht, ob ich es nicht wieder tue", trotzte Angela mit puterrotem Kopf.

Das Entsetzen in meiner Klasse wuchs zu lauten Mißbilligungsäußerungen an. Christiane schluchzte noch vernehmlicher.

Und ich — stand da wie so oft, und obwohl ich in meinem Abgangszeugnis eine Eins in Pädagogik habe, wußte ich nicht, was ich tun sollte.

„Angela", mahnte ich und faßte die verstockte Übeltäterin derb am Arm, „du wirst Christiane jetzt sofort um Verzeihung bitten."

„Sie hat mir nichts zu befehlen", murrte Engelke.

„Ich habe es doch nur gut gemeint", klagte Christiane. Ich zerrte das widerstrebende, unartige Engelke zu unserer artigen Christiane.

„So, und nun vertragt euch und reicht euch die Hände!" ordnete ich an und zwang die widerwilligen kleinen Rechten zueinander.

Der Unterricht ging nach diesem Zwischenfall weiter. Ich aber gestand mir, daß ich mich wieder einmal nicht richtig verhalten hatte. Aber ich wußte nicht, wie ich mich hätte verhalten sollen. Es war mir klar, daß mit diesem erzwungenen Händereichen die Versöhnung nicht hergestellt war, ich litt darunter, daß in meiner Klasse kein Friede herrschte.

Besonders leid tat mir das, weil die Adventszeit begann, die Zeit, in der ich mich immer bemühe, auch meinen Kin-

40

dern begreiflich zu machen, daß der Heiland bei uns einkehren will, und in der wir täglich miteinander beten:

„Ach, mache du mich Armen
in dieser heilgen Zeit
aus Güte und Erbarmen,
Herr Jesu, selbst bereit!"

Auch in diesem Jahr beteten wir diesen Vers wieder. Auch in diesem Jahr sangen wir miteinander das Adventslied:

„Macht hoch die Tür, die Tor macht weit,
es kommt der Herr der Herrlichkeit!"

Angela sang so begeistert mit, daß ich fürchtete, der Kopf würde ihr platzen, und ich mußte bei ihrem Anblick mehr als je an einen kleinen Posaunenengel denken. Das hinderte Engelke aber nicht, Christiane einen gehörigen Stoß zu geben, als diese ihr auf dem Schulhof entgegentrat und sie wegen ihres wilden Laufens vermahnte.

Noch heftiger wurde ein Zusammenprall der beiden auf einem kurzen Lehrspaziergang an einem sonnigen Dezembermorgen.

Die andern kleinen Mädchen schrien so laut, daß ich erschrocken hinzueilte: „Was ist los?"

„Die Angela hat die Christiane so geschubst, daß sie vom Bürgersteig geflogen ist!"

„Sie drängt sich auch immer in die vorderste Reihe", verteidigte sich Angela.

„Nein, du willst immer die erste sein!" jammerte Christiane.

Ich ließ meine Schar einhalten und sich um mich versammeln. Wir waren auf der noch wenig bebauten und wenig belebten Straße nahe bei unserem Schulgebäude.

„Schämt ihr euch nicht, mitten auf der Straße zu streiten!" schalt ich gedämpft. „Und das gerade jetzt in der

41

Adventszeit! Der Heiland wird ein armes Kindlein in der Krippe. Wie habt ihr gestern gelernt?"

„Er ist auf Erden kommen arm, daß er unser sich erbarm", fiel Christiane weinerlich ein.

„Ja", fuhr ich fort, „und ihr zankt euch, wer die erste ist! Macht das denn etwas aus, ob man in der ersten oder in der letzten Reihe geht? Sieht der Heiland nicht viel lieber, wenn man bescheiden hintenan geht? Vorhin haben wir noch gesungen:

> Ein Herz, das Demut liebet,
> bei Gott am höchsten steht,
> ein Herz, das Hochmut übet,
> mit Angst zugrunde geht,
> ein Herz, das richtig ist
> und folget Gottes Leiten,
> das kann sich recht bereiten,
> zu dem kommt Jesus Christ."

Folgsam und mit gefestigterer Stimme war Christiane eingefallen. Ja, sie war eben ein Musterkind!

Danach ging sie mit gesenktem Kopf wie eine Verurteilte in der letzten Reihe. Mit gesenktem Kopf saß sie auch später auf ihrem Platz. Mir schien es, als litte sie nicht nur darunter, daß ich sie zum erstenmal gescholten hatte, sondern auch, weil ihre Vormachtsstellung durch das streitbare Engelke stark erschüttert war.

Ich machte mir Vorwürfe, daß ich es hatte so weit kommen lassen. Nicht, daß Angela Christiane aus ihrer Herrscherrolle hinausdrängte, nein, daß ich mein Musterkind bisher ungehemmt die erste Geige in unserem „Schulkonzert" hatte spielen lassen. Daß sie in der Schule wie auch zu Hause immer der bewunderte Mittelpunkt war, das war Christiane nur zum Schaden gewesen. Mochte sie es auch nun kränken, daß sie nicht mehr die unumschränkte Königin ihrer Klassenkameraden war, daß die ungestüme Angela dauernd an ihrem Thron rüttelte, es konnte ihr doch zum Heil gereichen.

In den nächsten Tagen war Christiane auffallend still, ja bedrückt.

Am Nikolausmorgen jedoch trat sie so strahlend wie noch nie in die Klasse. Gleich nach der Andacht kam sie zu mir nach vorne und fragte: „Darf ich etwas erzählen?"

„Heute wollen alle von ihrem Nikolausteller berichten. Eines kommt nach dem andern dran, du nicht als erste", wehrte ich ab, getreu meinem Vorsatz, Christianes Herrschergelüste einzudämmen.

Sie war nicht gekränkt. Sie lächelte stolz, geheimnisvoll und flüsterte mir ins Ohr: „Ich habe aber etwas viel Wichtigeres zu sagen, etwas ganz Besonderes!"

Und dann stellte sie sich, ohne meine Erlaubnis abzuwarten, vor die Klasse und verkündete mit hocherhobenem Haupte und der feinsten Aussprache, die man sich denken konnte:

„Ich habe in dieser Nacht ein Schwesterlein bekommen. Meine Eltern und ich sind sehr froh und dankbar. Es soll Angela heißen."

Das gab natürlich — wie immer, wenn eines von ihnen ein Brüderchen oder ein Schwesterchen bekam — einen großen Jubel unter meiner kleinen Gesellschaft.

Sogar die verschiedenen Nikolausteller wurden darüber vergessen. Christiane hatte ja ein viel schöneres Geschenk erhalten. Das erkannten sie alle an, und alle drängten sich herzu, um sie zu beglückwünschen.

Die stille kleine Else, die Klassenordnerin dieser Woche, setzte sogleich den Adventskranz auf Christianes Platz. Schon wurden die ersten Lebkuchen, Schokoladetaler und Zuckerkringel dazugelegt, die wahrscheinlich von den Nikolaustellern für mich hatten abfallen sollen.

Ich ertrug diesen Verlust mit Fassung, fügte ein buntes Fleißkärtchen hinzu, und dann stimmte ich, wie bei jedem Geburtstag, unser Lied an, das diesmal etwas anders lautete, nicht: „Christiane hat Geburtstag", sondern: „Christiane hat ein Schwesterchen."

Christiane sonnte sich sichtlich in diesem neuen Glanz.

43

Sie drehte ihren Kopf lächelnd nach allen Seiten, so daß sie mich an eine große Sonnenblume gemahnte, die sich den wärmenden und leuchtenden Strahlen zuwendet.

„Sie lebe hoch, hoch, hoch!" schlossen meine kleinen Sänger. Sie sangen wahrlich kräftig genug, und doch vermißte ich in diesem lauten, aber nicht sehr wohllautenden Chor die mächtigste Stimme, an die ich mich nun schon gewöhnt hatte.

Ich blickte mich um. War Angela nicht da? War sie krank?

Nein, da saß sie einsam auf ihrem Platz und starrte mit rotem Kopf und verdunkelten Augen auf die fröhlichen Gratulanten und auf Christiane, die sich diese Huldigungen gnädig wie eine Königin gefallen ließ.

„Wie eine dunkle Gewitterwolke sitzt sie da", dachte ich; „wenn es nur nicht gleich einschlägt!"

Ich kannte das streitbare Engelke inzwischen gut genug, um solche Befürchtungen zu hegen.

Und richtig, da sprang Angela auch schon auf, stieß wieder einmal mit Gepolter ihren Stuhl um und bahnte sich mit ihren kräftigen Fäusten einen Weg durch die lustige Schar.

Ich trat ihr noch rechtzeitig entgegen.

„Sollen wir nun singen: Da trat die böse Fee herein?" fragte ich sie leise. „Genau so siehst du jetzt aus, Angela."

Angela ging nicht auf den Scherz ein. „Ich bin nicht die Fee Herein", knurrte sie und stapfte wie ein alter Seemann auf Christiane zu.

Ich hielt sie geschwind am Ärmel fest, damit die Freude nicht wie im Dornröschenmärchen durch diese böse Fee gestört würde.

„Was ärgert dich denn so?" flüsterte ich ihr zu und zog die Widerstrebende an die Seite.

„Wie kann sie ihrem Schwesterchen meinen Namen geben?" fauchte Angela; „das brauch ich mir nicht gefallen zu lassen."

Ich lachte.

„Aber Angela, ich hätte dich für klüger gehalten!

44

Bildest du dir denn ein, nur du dürftest Angela heißen? Es gibt viele Angelas auf der Welt, so wie es viele Annis und Willis und Hanse gibt. Du mußt stolz darauf sein, daß dein Name Christiane und ihren Eltern so gut gefallen hat, daß sie ihr Kindchen so nennen wollen."

Vor sich hin murrend wie ein mißvergnügter Wachhund trollte Angela an ihren Platz zurück. Aus der Ferne lauschte sie dann, mit trotzig gekrauster Stirn, wie Christiane von den süßen, kleinwinzigen Fingerchen, dem blonden Flaum auf dem Köpfchen, den dunkelbraunen Augen des Schwesterchens berichtete.

Auch in den nächsten Tagen stellte sich Christiane jeden Morgen nach der Andacht vor die Klasse und erzählte von der kleinen Angela.

Aber schon am zweiten Tag hatte sie nicht mehr so dankbare, aufmerksame Zuhörer; am dritten Tag achteten die andern Kinder kaum noch auf ihre schönen Sätze, und am vierten Tag rief Jörg keck dazwischen: „Nun sei mal endlich still von euerm Goldkind! Wir haben auch so'n Kleines, und Vater sagt, sie sähen sich alle gleich, alles kleine, rote Frösche!"

„Aber unseres", widersprach Christiane gekränkt, „unsere ..."

„Eures ist sicher für dich und deine Eltern das allerhübscheste und allerliebste", mischte ich mich ein, „aber die andern Kinder haben auch Schwesterchen und Brüderchen, die Lotte, die Helga, die Karin, der Kurt und noch eine ganze Reihe von euch, und sie haben ihre kleinen Geschwister genauso lieb wie du deine kleine Angela, und sie möchten auch ab und zu davon erzählen. Aber wir haben nicht so viel Zeit dafür. Wir müssen auch noch etwas anderes tun. Wir müssen lernen."

O weh! Da hatte ich bei Christiane ins Fettnäpfchen getreten. Sie ging mit hochrotem Kopf an ihren Platz. Die andern Kinder aber stimmten mir bei, und Angela strahlte mich an, als wäre nun für sie die Sonne aufgegangen.

In den nächsten Tagen berichtete Christiane als gehor-

45

sames Musterkind nichts mehr von ihrem Schwesterchen. Sie machte sich gar nicht mehr so viel bemerkbar wie früher. Sie schaute auch nicht mehr so fröhlich drein, wie man es bei ihrer großen Freude über das Schwesterlein hätte erwarten können.

Ob meine Ablehnung sie so gekränkt hatte? Gewiß hatte ich sie bisher mit Lob und Anerkennung verwöhnt, hatte ihre Herrschgelüste widerspruchslos geduldet und dadurch unterstützt, und erst durch das Aufbegehren des ungebärdigen Engelkes war ich auf meinen Fehler aufmerksam geworden.

Nun, es würde Christiane nicht schaden, sondern nur von Vorteil sein, wenn sie von jetzt ab ein wenig eingedämmt würde. Ja, ich war fest überzeugt, daß es sich nur günstig auf das Kind auswirken würde.

Es war gut, daß ich mein Verschulden noch rechtzeitig erkannt hatte.

Oder war es nicht gut, wenn ich Christiane von jetzt ab anders behandelte?

Das überlegte ich, als ich an einem Abend in meiner stillen Stube saß und, wie an jedem Wochenende, die Arbeitshefte meiner Klasse vor mir liegen hatte und noch einmal in Ruhe durchsah, was meine Kinder in den vergangenen sechs Tagen geschrieben hatten.

Da fiel mir bei Christianes vorbildlichen Heften auf, daß ihre Schrift nicht mehr so ausgeglichen, „wie gemalt" war wie bisher.

Ob das Schwesterchen sie so ablenkte, der Betrieb, den der kleine Neuankömmling gewiß zu Hause verursacht hatte, sie störte?

Doch die umsichtige Mutter hatte gewiß die Zügel schon wieder fest in der Hand und hatte dafür gesorgt, daß alles wieder in seinen geordneten, ruhigen Gang kam.

Ich schaute mir Christianes Heft noch genauer an, und dabei stellte ich fest, daß sie nicht mit geringerer Sorgfalt geschrieben hatte, sondern daß ihre Buchstaben nicht mehr so „fließend" aneinandergereiht waren, daß sie dann und wann die Richtung änderten, daß das Schriftbild irgendwie unruhig wirkte.

Ich stützte den Kopf in die Hand und schaute auf das Heft herab. Ich versuchte, die Schrift zu mir sprechen zu lassen, wußte ich doch, wieviel man aus Kinderschriften schließen kann: Zerfahrenheit, Müdigkeit, Mutlosigkeit, Nervosität, das alles und noch viel mehr, wenn man sie aufmerksam betrachtet.

Ich starrte und starrte herab auf das Heft. Es war, als ob mich die weißen Seiten vor mir langsam — mir gar nicht recht bewußt — in einen seltsamen, halb schlafenden Zustand versetzten.

Und auf einmal sah ich ein anderes Heft vor mir, eine andere Schrift: zerfahren, wirr, haltlos. Ein anderes Gesicht als das Christianes schaute mich zwischen den Zeilen an: ein blasses, müdes Mädchengesicht.

Nie kann ich diese Resi vergessen, so viele Jahre es auch zurückliegt, daß sie meine Schülerin war. Sie war so still, daß sie mir in der großen Klasse kaum oder gar nicht auffiel.

Und dann fiel sie mir auf, nicht sie, sondern ihre Schrift, die sich von einem Tag zum andern so verändert hatte, daß ich mich darüber entsetzte.

Aus einer ruhigen, steifen Kinderschrift war zerfahrenes, unruhig hin und her fallendes Gequakel geworden.

Ich nahm mir Resi vor, fragte sie unter vier Augen, ob sie krank sei. Sie errötete, wagte nicht, mich frei anzusehen, schüttelte heftig, wie in erschrockener Abwehr, den Kopf.

Ich bestellte Resis Mutter zu mir, eine junge, hübsche Frau. Sie versicherte mir wortreich, allzu wortreich, daß in ihrer Familie alles in bester Ordnung sei, Resi reichlich Nahrung und Schlaf bekomme, genügend Zeit für ihre Hausaufgaben habe.

Und dann, als sie mich nicht überzeugen konnte, brach sie jäh zusammen, warf den Kopf auf den Tisch und gestand schluchzend, was dem Kind Grauenhaftes in der eigenen, wohlgeordneten Familie widerfahren war. Sie

47

flehte mich an, dies „Beichtgeheimnis" vor jedermann zu wahren.

Wie lange habe ich unter diesem Versprechen, das ich ihr gab, gelitten! Wie oft mich gefragt: Durfte ich schweigen? Mußte ich schweigen?

Ich schrak aus meinem Dämmerzustand auf. Es hatte geklopft.

Christianes Mutter stand an der Tür! Obwohl an Elternbesuche gewohnt, war ich über diesen späten Gast doch sehr überrascht.

Es mußte etwas Schwerwiegendes sein, was diese Mutter so kurz vor Weihnachten, so bald nach der Geburt ihres zweiten Kindes am Wochenende zu mir führte.

Hatte sie auch schon entdeckt, daß mit Christiane eine Veränderung vorgegangen war? Sollte gar auch hier etwas Böses vorliegen? Es war fast unbegreiflich, daß diese selbstsichere Frau, die bisher durch ihre Erfolge bei ihrer Ältesten ihre Erzieherbegabung schon bewiesen hatte, zu mir kam, um mich, die gewiß weniger Tüchtige, um Rat zu fragen.

Nun, sie wollte auch keinen Rat, eher Auskunft, ein Gespräch, eine Fühlungnahme zwischen Elternhaus und Schule.

Selbstverständlich — das bedurfte keiner Frage — handelte es sich um Christiane, und ebenso selbstverständlich war der Mutter, dieser hervorragenden Erzieherin, schon längst vor mir bewußt geworden, daß sich ihre Älteste verändert hatte.

Nicht nur an der Schrift hatte sie dies gemerkt, sie hatte auch festgestellt, daß Christiane, diese vorbildliche Sprecherin, ab und zu stotterte, und nach einem kurzen Überlegen mußte ich ihr darin beistimmen.

Ich hatte es aber schon oft, gerade in der Adventszeit, bei meinen Kindern erlebt, daß manche in der Aufregung der Vorfreude, dem Eifer, „dranzukommen", erzählen zu dürfen, ihre Sätzchen zwei-, dreimal begannen, in leichtes Stottern verfielen. Darum war es mir, in dem lebhaften

48

Treiben der Vorweihnachtszeit, bei Christiane nicht aufgefallen. Allerdings — das gab ich, leicht schuldbewußt,
zu — hätte es mir bei der sonst so ruhigen Christiane
doch auffallen müssen.

Aber der ob meines Versagens leicht entrüsteten Mutter
waren ja auch nicht so viele Kinder wie mir zur Belehrung
und Erziehung anvertraut. Aus diesem Grunde hatte sie
auch noch viel mehr an Christiane beobachtet, und als sie
mir nun davon berichtete, mußte ich staunend zugeben,
daß Christianes Verhalten in den letzten Wochen wirklich besorgniserregend war.

Da waren nicht nur die unruhigen Schriftzüge, das Stottern, sie hatte auch plötzlich neue, unerfreuliche Tisch-
sitten: sie mäkelte am Essen, stocherte darin herum, gab
vor, sich erbrechen zu müssen, kurzum, sie störte jede ge-
ruhsame, behagliche Mahlzeit.

Abends ging sie nicht mehr so artig und widerspruchslos zu Bett wie bisher, sie wollte nicht mehr im Dunkeln
einschlafen, fürchtete sich, verlangte, daß die Mutter oder
gar die in der Nachbarschaft wohnende Großmutter sich
an ihr Bett setzte, und einmal sogar — die Mutter schämte
sich fast, es zu sagen — hatte die peinlich saubere Christiane etwas getan, was sie als Kleinkind nie getan hatte:
sie hatte eingenäßt.

Aus einem Musterkind war unversehens ein Sorgenkind
geworden, das seine Tugenden in Untugenden verkehrt
hatte.

Christianes Mutter hatte sich bei diesem Bericht derart
aufgeregt, daß sie einhalten und hörbar tief Atem schöpfen mußte.

Sie schaute mich dabei erwartungsvoll, ja vorwurfsvoll
an. So, nun durfte, nun sollte ich reden."

„Eigentlich ist es ein klarer Fall", begann ich zögernd.

„Ein klarer Fall!" rief die Mutter empört mit neuer
Atemkraft.

„Ja", fuhr ich tapfer fort, „Christiane ist eifersüchtig
auf ihr Schwesterchen, und aus ihrem Unterbewußtsein
heraus verfällt sie in Kleinkindergeflogenheiten, stottert,

49

stochert im Essen herum, will schließlich noch gefüttert werden, will Schlummerliedchen gesungen haben, näßt ein. Sie will wieder als Kleinkind behandelt werden, will wieder mehr Interesse auf sich ziehen, will geradeso beachtet werden wie ihr Schwesterchen."

„Ach, nun kommen Sie mir auch noch mit dem törichten Einfall der Erziehungsberatungsstelle", wehrte die Mutter ärgerlich ab.

„Sie waren schon bei einer Erziehungsberatungsstelle?" fragte ich erstaunt.

„Natürlich, ich weiß doch, was meine Pflicht als Mutter ist", entgegnete sie etwas von oben herab. „Bei den ersten beunruhigenden Anzeichen ging ich mit Christiane zuerst zum Arzt. Als der festgestellt hatte, daß sie körperlich völlig gesund ist, fuhr ich mit ihr zur Erziehungsberatungsstelle. Dort wurde sie nach der modernen Art auf mancherlei Weise getestet, und dann teilte man mir dasselbe mit, was Sie ohne stundenlanges Testen herausgefunden haben wollen. Man bewies es mir an dem Bild, das Christiane von ihrer Familie gemalt hatte, und daran, in welche Beziehung zu der Familie sie Püppchen und Möbelstücke gesetzt hatte. Auf dem Bild drängten Vater, Mutter, Onkel, Tanten und Großmütter um das Körbchen des Schwesterchens, während Christiane selbst abseits an ihrem Arbeitstischchen saß und Schulaufgaben machte. Bei dem andern Test hatte sie das Säuglingspüppchen oben auf dem Schrank untergebracht. Beides soll ein Zeichen dafür sein, daß Christiane eifersüchtig auf das Kleinchen ist. Ich lege die Zeichnung wie die Zusammenstellung ganz anders aus. Christiane will in ihrer Bescheidenheit zeigen, wie hoch sie ihr Schwesterchen schätzt, wie es der Mittelpunkt der Familie ist und sie gern abseits steht. Nein, an ihrem Verhältnis zu unserem Kleinchen, an ihrem Elternhaus liegt es nicht, daß Christiane sich so seltsam verändert hat. Die Ursache kann nur in der Schule zu finden sein, und darum komme ich zu Ihnen."

Ich überlegte nicht lange. Ich war auch nicht gekränkt,

hielt es sogar für verständlich, daß diese gute Erzieherin keinen Rat bei mir unerfahrenen Lehrerin suchte, sondern nur eine Auskunft verlangte. Ich sah in diesem Augenblick gar nicht die Mutter vor mir, sondern das Kind. Das Kind in Not! Eines der Kinder, die mir anvertraut waren!

„Ja", gab ich bereitwillig zu, ehe die redegewandte Frau ein neues Kapitel beginnen konnte, „auch in der Schule liegt ein Keim zu Christianes seelischer Erkrankung verborgen. Im Grunde aber ist es ein und derselbe Keim, der seltsamerweise fast gleichzeitig in der Schule wie im Elternhaus aufsproßte. Christiane ist plötzlich weder hier noch dort mehr die unumstrittene Erste, der Mittelpunkt, der Pol, um den sich alles dreht. Das kann die kleine Seele nicht ertragen. Und so sucht sie auf alle mögliche Art ihre Vormachtstellung zurückzuerobern."

„Ähnlich erklärte man es mir auch in der Beratungsstelle", fiel die Mutter ein. „Man riet mir, Christiane mit viel, viel Liebe zu umgeben, ihr immer wieder zu betonen, wie wert sie uns ist, wie wichtig ihre Hilfe bei der Betreuung des neuen Schwesterchens. Gewiß erkenne ich das an. Wenn ich diese Gedankengänge aber weiter verfolge, so wäre doch das beste Mittel, Christiane in Schule und Elternhaus wieder in ihre unumschränkte Herrschaft einzusetzen. Dann müßte sie mit einem Schlage wieder gesund sein."

„Ja", stimmte ich bei, „ohne Zweifel wäre sie dann wieder in Ordnung. Alles ist wieder gut, würden wir sagen, und es wäre doch, wie geschrieben steht: ‚Sie sagen Friede, Friede und ist kein Friede!' Wir würden Christiane selber den schlechtesten Dienst erweisen, denn: Was hülfe es dem Menschen, so er die ganze Welt gewönne und nähme doch Schaden an seiner Seele!"

Die Mutter war still und nachdenklich geworden. Wir waren uns nach und nach nähergekommen in der gemeinsamen Not um ein geliebtes Kind. Wir wußten beide, daß wir viel Weisheit brauchten, um den rechten Weg zu finden.

„Wir wollen beide Christiane täglich unsere Liebe zeigen", sagte die Mutter beim Abschied, „aber wir wollen fest bleiben in dieser Liebe. Sie muß lernen, nicht mehr der Mittelpunkt zu sein, nicht mehr nur sich selbst zu lieben, sondern ihren Nächsten wie sich selbst."

Ach, dachte ich seufzend, als sie gegangen war, diese schwere Kunst, an der wir Erwachsene nie auslernen, soll ein Kind meistern! Wie soll das geschehen? Und leise tönte in mir die Antwort: Bei den Menschen ist es unmöglich, nicht aber bei Gott.

Am nächsten Morgen brannten in unserer Klasse, wie an jedem Adventsmorgen, die Adventskerzen. Es war noch kein weihnachtlicher Lichterglanz. Den wollten wir nicht vorwegnehmen. Nur je ein kleines Licht strahlte auf jedem Tisch der Kinder, und auf meinem großen Tisch leuchteten die drei Kerzen des Adventskranzes.

In den Fensterscheiben spiegelten sich die Fünklein wider, und das sah besonders schön und geheimnisvoll aus, so, als wären viele kleine Lichter auf dem Weg in den Himmel hinein, der sich weit über unserm Schulhaus auf der Höhe wölbt.

Der Himmel war gleichmäßig grau an diesem Morgen. Wir konnten nicht beobachten, wie die Sonne hinter den Bergen aufging. Und farblos wie der Himmel war die Erde. Gab aber nicht gerade diese Stille, in der sich Erwartung barg, die rechte Adventsstimmung?

Es war mir, als spürten auch meine Achtjährigen etwas von diesem Harren und Sehnen der heiligen Zeit, als schauten sie mich, nach dem Lied und Gebet unserer Morgenandacht, anders an als sonst. Oder lag es daran, daß sich die Lichter in ihren Augen widerspiegelten und der Glanz der Kerzen ihre Gesichter auf besondere Art erhellte und verklärte?

Waren sie nicht selbst alle wie kleine Lichter, die den Weg in den Himmel suchten?

Es wurde mir auf einmal so leicht, in dieser dämmrigen, kerzendurchstrahlten Morgenstunde zu ihnen von dem zu sprechen, was mir am Herzen lag.

Wir hatten miteinander die Strophe gesungen:

„Lobt Gott, ihr Christen alle gleich,
in seinem höchsten Thron,
der heut schließt auf sein Himmelreich
und schenkt uns seinen Sohn."

Ich spürte, die kleinen Herzen verstanden diese Worte
wirklich und fühlten etwas von dem Glück darüber, daß
der Sohn uns geschenkt worden war.

„Jedes Kindlein, das geboren wird, ist ein Geschenk
Gottes", knüpfte ich an. „Wenn es auch nicht so kostbar
wie unser Heiland ist, so ist es doch auch eine Gabe
Gottes, eine Gabe des Vaters im Himmel. Jede Mutter ist
dankbar und glücklich über solch ein Geschenk, jeder
Vater, und auch ihr freut euch, wenn ihr ein Brüderchen
oder ein Schwesterchen haben dürft. Denkt einmal: der
Vater im Himmel schenkt es euch. Der Heiland liebt es,
so wie er auch euch liebt. Aber wie traurig ist er, wenn er
sieht, daß ihr eure Geschwister nicht liebhabt!

Er hat einmal gesagt: ‚Ihr sollt diese Kleinen nicht ärgern. Ihre Engel sehen allezeit das Angesicht des Vaters
im Himmel.' Ihr gehört aber auch noch zu diesen Kleinen.
Ihr habt auch eure Engel, die Gottes Angesicht schauen.
Was werden sie ihm von dem Kind sagen, das sich selbst
am meisten liebt, das nicht darüber glücklich ist, wenn es
sein Brüderchen oder Schwesterchen hüten und pflegen,
es die ersten Schritte, die ersten Worte lehren darf?

Aber auch das Kind, das neben dir in der Klasse sitzt,
das mit dir zur Schule geht, das mit dir spielt, ist ein Geschenk des Vaters im Himmel an dich. Du mußt es auch
liebhaben und ihm Liebes tun. Alles, was du einem andern
Liebes erweist, hast du eigentlich dem Heiland getan.
Aber jeder Stoß, den du einem andern Kind gibst, tut
ihm, dem Heiland, weh. Immer, wenn du dich vordrängst,
drängst du ihn zurück. Jedes häßliche Wort, das du andern Kindern zurufst, hört der Heiland und ist traurig
darüber."

Das und noch viel mehr habe ich an jenem Morgen meinen Kindern gesagt. Ich redete nicht allein. Meine Kinder, die mit ganzer Seele dabei waren, sprachen mit; sie fanden manches, was ich ihnen einzuprägen versuchte, auf meine Fragen selber, meldeten sich stolz, sofern sie Geschwister aufzuweisen hatten, erzählten eifrig davon, wie sie ihnen halfen, beistanden, so eifrig, daß ich zu guter Letzt eindämmen mußte. Dies mußte ich auch, als wir auf das Verhalten zueinander zu sprechen kamen.

„Ein jeder soll erzählen, was er selber andern Böses zugefügt hat, nicht, was andere ihm getan haben", bestimmte ich, „sonst seid ihr ja schon wieder dabei, den Heiland zu betrüben."

Da schwiegen sie beschämt, nachdenklich.

„Es ist sehr leicht, morgens zu beten: ,Komm, o mein Heiland Jesu Christ, meins Herzens Tür dir offen ist", sagte ich eindringlich, „aber es ist nicht so leicht, für den Heiland im Herzen Platz zu schaffen, all das Böse hinauszuwerfen, so daß wir ganz ernsthaft sagen können: ,Komm, ich will dich aufnehmen!' "

In Angelas Gesicht hatte es schon lange seltsam gezuckt. Oder hatte mich das Flackern ihrer Kerze getäuscht? Sie saß so ruhig und artig, wie ich es kaum einmal bei ihr erlebt hatte. Nun aber senkte sie den wuscheligen Kopf, daß ihre Stirn fast die Tischplatte berührte, und rief mit ihrer lauten Stimme: „Ich will ja! Ich will!"

Das klang wie ein Trompetenstoß. Ihre runden blauen Augen starrten mich dabei an, als forderten sie etwas von mir.

Und dann rief sie noch lauter, und es klang verzweifelt, ja zornig: „Ich will ja, ich will lieb sein, ich will liebhaben. Aber es gerät nicht!"

Die andern Kinder hatten sich alle überrascht ihr zugewandt.

Ehe ich jedoch antworten konnte, ertönte wieder ein Schrei, ein noch viel lauterer, ein vielstimmiger, entsetzter. Er gellte durch die Klasse, das ganze Schulgebäude.

Was war geschehen? Hatten Christianes Zöpfe, als sie

sich zu Angela umwandte, die Kerze des Nachbartisches gestreift? Waren diese immer so artig glatten Zöpfe am Ende gar mit Fett gebändigt und daher besonders leicht brennbar? Oder war der Tannenzweig auf Christianes Tisch, dessen Nadeln während drei Adventswochen in der trockenen, warmen Schulluft ausgedörrt waren, von der niedergebrannten Kerze in Brand gesteckt worden und hatte das Feuer sogleich zu Christiane übergegriffen?

Wie eine lodernde Fackel war Christiane aufgeflammt, und schreiend stürzte sie von hinten durch die ebenso schreienden Kinder nach vorne.

Wollte sie zu mir? Suchte sie bei mir Hilfe? Wollte sie zur Tür hinaus? Zum Wasserhahn neben der Tafel? Oder rannte sie blindlings wie Tiere in einer Feuersbrunst?

Mit gellendem Gekreisch stoben die andern Kinder vor ihr auseinander, rannten zur Tür, warfen Tische, Stühle um, stolperten übereinander.

Und dann — wie ein Schwimmer, der sich in die wild tobende See stürzt — war Angela dazwischen, stieß in ihrer gewohnten derben Art nach links und rechts, um sich Platz zu schaffen. Wollte sie sich so eilig retten?

Nein, sie sprang auf Christiane zu, griff mit beiden Händen in die brennenden Kleider hinein, packte Christiane an den Schultern, riß die wild um sich Schlagende mit rücksichtsloser Gewalt auf den Boden, rollte sich mit ihr darauf, preßte sie und lag endlich mit ihrem ganzen Gewicht auf ihr.

Nun waren auch schon die beiden Lehrer der Nachbarklassen, die das furchtbare Geschrei aufgeschreckt hatte, hereingestürzt. Der eine riß sofort seine Jacke herunter, um damit die Flammen zu ersticken. Die muntere kleine Helga hatte inzwischen schon so viel neuen Mut gefaßt, daß sie die Gießkanne, die gefüllt neben ihr auf der Fensterbank stand, über Christianes und Angelas Köpfen leerte. Kurt, der Klassenraudi, wollte nicht zurückstehen und warf den pitschnassen Tafelschwamm hinterdrein.

Diese kindlichen Hilfeleistungen hätten wenig bewirkt, waren aber auch schon nicht mehr nötig. Lehrer Köhler hatte mit fester Hand auch die letzten Funken bekämpft und vernichtet.

Und was tat ich, die verantwortliche Klassenlehrerin?

Wenn ich zurückdenke, so weiß ich eigentlich nur noch, daß ich an allen Gliedern bebte und daß ich aufatmete, als die so wild aufgeflammte Lohe erstickt war.

Oder habe ich doch, mir selbst kaum bewußt, mit eingegriffen?

Ja! Plötzlich kniete ich auf dem nassen Boden, wollte Angela oder Christiane aufheben. Da kamen mir die beiden kräftigeren Junglehrer zuvor. Die Kollegin, die auf einmal auch da war, half mir, stützte mich, als ich mich wieder aufrichtete.

Ich schaute mich nach den andern Kindern um. Sie standen eng aneinandergedrängt an der Tür. Verstört waren sie, aber einige von ihnen waren auch schon wieder neugierig, wollten sich nähern, gaben nur ungern den Weg frei. Ein paar weinten noch, die zarte Ute zitterte und war totenblaß.

Der Rektor und die andern Lehrer waren nun auch aus dem oberen Stock herbeigekommen. Der alte Herr redete meiner aufgeregten Schar gut zu, befahl ihnen väterlich freundlich, sich wieder an ihre Plätze zu begeben, wo die jüngste Kollegin gerade die letzten Kerzen auslöschte.

Sie sollte noch ein paar Minuten bei meinen Kindern bleiben, bis sich alle soweit beruhigt hatten, daß man sie unbesorgt auf den Heimweg schicken konnte.

Der Rektor und ich folgten den beiden Lehrern, die Christiane und Angela trugen, den langen Gang hinab zum Lehrerzimmer. Ich spürte, wie mir zwei Tropfen langsam über die Wangen rannen. Mein Herz klopfte, daß es mir bis in den Kopf hinauf dröhnte.

Wir betteten die beiden Mädchen auf je zwei Stühle im Lehrerzimmer. Sie waren noch wie betäubt, wimmerten leise vor sich hin.

Wie froh war ich, daß der Arzt auf den Anruf des Rektors nach wenigen Minuten schon eintraf!

Und noch froher und dankbarer wurde ich, als er feststellte, daß sie beide wunderbar behütet worden waren, daß sie beide keinen großen Schaden erlitten hatten.

Obwohl Christiane wie eine lebendige Fackel durch die Klasse gerannt war, hatte sie merkwürdigerweise kaum eine nennenswerte Verletzung davongetragen. Ihre prächtigen Zöpfe waren allerdings arg mitgenommen und sahen jämmerlich aus, ihre Wolljacke war schlimm versengt, eigentlich nur noch ein schwarzer Fetzen. Aber das alles schmerzte nicht, wenigstens körperlich nicht.

Angela hatte weit mehr abgekriegt. Sie hatte Brandwunden an ihren Händen, mit denen sie so energisch in die Flammen gegriffen hatte, und nicht nur ihr kurzes Gelock, sondern auch ihre Stirn darunter hatte das Feuer zu spüren bekommen.

Aber Angela war tapfer, sehr tapfer, wenn ihr auch dicke Tränen die Wangen hinunterkollerten und ihre blitzblauen Augen krampfhaft angestrengt in die Weite starrten, während der Arzt sie verband.

„Großvater Kapitän hat immer gesagt: ‚Hol fast[1], Deern‘“, murmelte sie verbissen vor sich hin, „und er hat mir auch beigebracht, wie man mit Feuer fertig wird. Nicht laufen, nicht Luft dran lassen, sich auf den Boden werfen, rumrollen, totdrücken, totpressen, totschlagen ... Großvater Kapitän ... söte Deern ...“ Und damit kippte der Kopf der süßen Dirn zurück, und ich konnte ihn gerade noch in meinen Armen auffangen.

„Es ist kein Grund zu Besorgnis“, beruhigte der Arzt, „es ist vor allem die Reaktion nach der großen Aufregung. Ich bringe die beiden gleich in meinem Wagen nach Hause, wenn ...“

„Nein, nein“, rief da Christiane rasch dazwischen, „Mutti soll sich nicht aufregen. Das schadet auch dem Schwesterchen. Bitte, erst zu meiner Oma!“

Nun, da war ich wenigstens über das Ergehen der vernünftigen Christiane schon beruhigt.

---

1 Halte fest!

Als ich mich am gleichen Nachmittag nach Angela erkundigte, erhielt ich auf meinen Anruf ebenso tröstliche Auskunft. Die Mutter antwortete fröhlich und gelassen und schien recht stolz auf ihr tapferes Engelke zu sein. Bei Christianes Eltern rief ich nicht an. Ich wußte ja nicht, ob nicht vielleicht die Großmutter Christiane vorerst bei sich behalten hatte und ihr Ausbleiben mit irgendeiner Ausrede erklärte, um die sie in dieser vorweihnachtlichen Zeit der Geheimnisse gewiß nicht verlegen war.

Am Spätnachmittag kam Christianes Mutter zum zweitenmal zu mir.

Diesmal erschrak ich über ihren Besuch. Gewiß wollte sie mir berechtigte Vorwürfe machen, daß ich wieder einmal keine vorbildliche Erzieherin gewesen war, daß ich wieder einmal versagt, meine mir anvertrauten Kinder nicht hinreichend behütet hatte.

Aber nein! Es war keine selbstsichere, von ihren Erziehertalenten überzeugte Frau, die mir die Hand reichte und meine Hand drückte.

„Was haben Sie mit meiner Christiane gemacht?" fragte sie, und ich spürte, daß ihre Finger bebten.

Ich schaute darauf herab. Sie mißverstand meinen Blick.

„Ich habe keinen Trauring an, eine feuchte, verkrumpelte Hand", erklärte sie hastig, „ich bin so von der Wäsche fortgelaufen. Nur den Mantel habe ich übergeworfen. Entschuldigen Sie! Ich . . ."

„Nein, ich muß um Entschuldigung bitten", warf ich ebenso erregt ein.

„Aber wieso denn? Ich bin Ihnen doch so dankbar. Wie haben Sie das nur erreicht? Ich habe ein ganz anderes Kind!"

Nun war es wieder an mir, zu staunen. Ich bat Christianes Mutter, sich zu setzen, wartete schweigend, bis sie sich etwas beruhigt hatte und mir gesammelter erzählen konnte:

„Christiane kam zu mir in die Waschküche", berichtete sie, „warf sich mir stürmisch um den Hals und weinte. So habe ich sie noch nie erlebt. Sie beteuerte immer wie-

58

der, daß sie sich bessern wolle, daß sie das Schwesterchen liebe, daß sie ihre Klassenkameradin Angela liebe. ‚Und wenn ich sie auch manchmal geschubst habe, so hab ich sie doch lieb‘, beteuerte sie ein um das andere Mal. Als ich in sie drang, wie sie zu solchem Reden komme, erzählte sie von dem, was Sie heute morgen in der Klasse gesagt haben. Ich fragte sie mehrmals: ‚Hat dich die Lehrerin denn dabei genannt?‘ — ‚Nein, nein‘, schluchzte sie, ‚aber gemeint hat sie mich. Und von jetzt ab will ich lieb sein, so lieb . . .‘“

„Hat sie Ihnen sonst nichts berichtet?“ unterbrach ich wieder.

Christianes Mutter schaute mich verständnislos an.

„Haben Sie nichts an ihr bemerkt, an ihren Haaren?“ fragte ich weiter.

„Ach so, doch“, gab sie zu, „sie ist mit der Oma beim Friseur gewesen, um sich vor Weihnachten die Haare abschneiden zu lassen. Es tat mir eigentlich leid um die schönen Zöpfe, aber wenn sie es nun mal gerne hat! Und ändern kann ich es jetzt sowieso nicht mehr. Ich wundere mich zwar, daß sie mich nicht vorher gefragt hat. Sie handelt doch sonst nicht eigenmächtig. Aber ich nehme an, es sollte eine freudige Überraschung für mich sein, damit ich nicht mehr so viel Zeit mit dem Kämmen des langen Haares verlöre, weil ich doch jetzt mit dem Schwesterchen mehr Arbeit habe.“

„Und ihre Jacke?“ fragte ich weiter.

„Ihre Jacke?“ wiederholte die Mutter. „Soweit ich mich erinnere, hatte sie vorhin in der Waschküche keine an. Aber was ist denn eigentlich los?“

Nun war ich an der Reihe, zu berichten. Es wurde ein langes, gutes Gespräch zwischen uns beiden Frauen, ein Gespräch, an dem ich noch jetzt beim Rückerinnern Freude habe und das uns zu einer Freundschaft verband, die bis auf den heutigen Tag gehalten hat. Die tüchtige Frau hat mir viele Jahre hindurch auf mancherlei Weise beigestanden.

„Ich bin gewiß, eine höhere Macht hat eingegriffen“,

sagte sie an diesem Abend zum Abschied, „nun wird alles gut!"

„Das hoffen Sie als Mutter und ich als Lehrerin von Christiane und Angela", erwiderte ich. „Wenn die beiden jetzt Freundinnen werden und zusammenhalten, werden sie die ganze Klasse erziehen."

„Am Ende machen sie es noch zu arg", meinte Christianes Mutter lächelnd. „Ich glaube, da werden Sie die beiden wieder bremsen müssen."

Sie hatte richtig vorausgesehen. Christiane und Angela wurden Freundinnen, die sich mit der gleichen Kraft liebten, wie sie sich zuvor befehdet hatten. Und sie erzogen die andern mit denselben Herrschergelüsten.

So verkündete mir Angela eines Morgens mit funkelnden Augen: „Heute muß uns der Herr Rektor dankbar sein! Wir haben dafür gesorgt, daß die Kleinen nicht mehr über den Rasen vor dem Schulgarten laufen. Zuerst hat Christiane sie ermahnt, und dann hab ich sie in den . . . getreten, und dann haben sie versprochen, es nie mehr wieder zu tun."

„O Engelke", seufzte ich „hast du das auch von deinem Großvater Kapitän gelernt?"

„'türlich", entgegnete sie strahlend.

„Wer nicht hören will, muß fühlen", pflichtete Christiane feierlich bei.

Nachmittags begegnete ich oft den beiden Freundinnen mit der kleinen Angela zusammen. Sie fuhren abwechselnd den Kinderwagen, und Angela erklärte mir stolz, daß die Kleine auch ein Stückchen ihr gehöre, weil sie ihren Namen trage.

# DER SIEGER

Das gab ein Gelächter auf unserem Sportplatz. Es schallte über die ganze weite Fläche. Es lief von einer Seite zur andern und rings um den Kreis der Zuschauer. Nicht nur die Kinder lachten, auch die Erwachsenen konnten nicht ernst bleiben; die Eltern, die Lehrer, der Schulrat, der Bürgermeister, der Amtsdirektor, sie alle lachten.

Was war geschehen?

Wir hatten unser alljährliches Schulsportfest. Horst, einem Schüler meiner dritten Klasse, war wegen seiner vorzüglichen Leistungen erlaubt worden, schon unter den Schülern der vierten Klasse mitzuturnen. Natürlich dachte keiner, auch er selber nicht, daran, daß er unter den Siegern sein könnte. Er war gelaufen, gesprungen, hatte Kugel gestoßen, den Ball geworfen. Nun waren die Spiele zu Ende. Die Sieger wurden verlesen. Die Siegerehrung begann. Einer nach dem andern trat hervor, lief über den Platz und holte sich bei den Preisrichtern seinen Kranz oder sein Sträußchen.

Endlich kamen die Jüngsten an die Reihe. Und — wer wurde als erster aufgerufen? Horst! Über hundert Punkte hatte er. Eine unerhörte Leistung!

Doch darüber wurde natürlich nicht gelacht. Aber was geschah dann?

Anstatt wie die andern Sieger sich zu den Herren dort vorne auf der Treppe zu begeben, rannte Horst quer über den weiten Platz bis dahin, wo ich abseits stand, und fiel mir um den Hals. Ja, und da brauste das Gelächter auf.

Ich strich ihm über die feuchte Stirn. „Das war fein", lobte ich, „aber nun komm! Wir wollen doch deinen Siegerkranz holen."

Und dann gingen wir Hand in Hand über den Platz

61

bis zu den Preisrichtern. Dort erst ließ Horst mich los und nahm mit rotem Kopf und leuchtenden Augen seinen Kranz in Empfang.

Ich hatte nicht mitgelacht. Dafür war mir diese stürmische Umarmung zu überraschend gekommen. Ich hatte kaum mein Gleichgewicht bewahren können, mein äußeres sowohl wie mein inneres. Ich freute mich nicht nur über Horsts Erfolg als Turner, ich freute mich auch über diese große Liebesbezeugung, mit der er mich überrumpelt hatte. Ich freute mich und war gerührt. Ja, die Tränen kamen mir in die Augen.

Ich habe ihn fest an mich gedrückt. Mußte man einen Jungen, der einen so anstrahlte, einen mit solch einer heftigen Liebe überfiel, nicht einfach liebhaben?

Ich habe mich in meiner langen Dienstzeit bemüht, kein Kind vorzuziehen. Aber es ist mir oft recht schwergefallen, es nicht merken zu lassen, wenn ich eines besonders in mein Herz geschlossen hatte.

Wenn dieser kleine Horst vor mir in der Klasse saß und mich mit seinen großen, dunklen Augen anstrahlte, dann mußte ich mich oft sehr zusammennehmen, daß ich ihn nicht unversehens ebenso in den Arm nahm, wie er es mit mir auf dem Sportplatz getan hatte und wie es in seinem ersten Schuljahr fast jeden Morgen zur Begrüßung, jeden Mittag zum Abschied und auch noch zwischendurch in den Pausen seine Gewohnheit gewesen war.

„Wie glücklich ist dieses Kind, daß es so lieben kann!" hatte einmal ein alter Kollege zu mir gesagt, als er auf dem Schulhof Zeuge einer so ungestümen Wiedersehensfreude gewesen war. „Ich muß dabei an das Wort denken: ‚Von nun an leidet das Himmelreich Gewalt, und die Gewalt tun, die reißen es an sich.' Ob er sich das Himmelreich auch einmal so stürmisch erobern wird?"

Manchmal fiel mir dieses Gespräch ein, wenn ich morgens vor meiner Klasse stand und mit meinen Kindern die Andacht hielt. Auch hier war Horst mit ganzem Herzen dabei, und während er sehr laut und eindringlich sang und betete, flehte ich innerlich, wie ich es in den

Jahren meiner Lehrtätigkeit so oft getan habe: „Gib mir wenigstens *ein* Kind aus dieser Klasse, gib mir dies Kind!"

Ich wußte, so wie Gott einst Hannas lautloses Gebet im Tempel erhört und ihr einen Sohn, Samuel, geschenkt hatte, so würde auch meine Bitte sein Ohr erreichen.

Eigentlich hätte mein Gebet lauten müssen: „Laß wenigstens an einem dieser Kinder mein Bemühen, sie zu dir zu führen, nicht vergeblich sein! Laß wenigstens eines auch später noch dich lieben, zu dir beten, wie sie es jetzt als Kinder tun! Laß wenigstens eines dein Jünger werden!"

Ich muß gestehen, daß ich dabei Horst vorzog, daß ich im Grunde dachte, betete: „Laß dies eine Horst sein!"

Noch war er ja ein „frommes Kind". Er hörte aufmerksam und mit innerer Teilnahme zu, wenn ich ihnen die Jesusgeschichten erzählte; er berichtete mir immer offen, was er am vergangenen Tag Böses getan und wie er am Abend um Vergebung gebetet hatte.

„Oh, jetzt ist der Herr Jesus traurig!" rief er manchmal betrübt in die Klasse, wenn etwas Unschönes geschehen war.

„Ich will dem Herrn Jesus mein Herz schenken!" versicherte er sehr ernst, und es klang feierlich und rührend kindlich zugleich.

Aber ich wußte ja aus den Erfahrungen meiner langen Lehrerinnenjahre, was aus den meisten dieser „frommen Kinder" später wurde: Schon kurz nach der Schulentlassung, ja noch früher, waren sie in keinem Gottesdienst mehr anzutreffen; was sie bei mir gehört, was sie als Kinder gesprochen und versprochen hatten, war bald verflogen.

Würde es bei Horst auch einmal so sein? Würde er sich mit derselben stürmischen Begeisterung in den Trubel der Welt stürzen?

Als er nach den ersten drei Schuljahren meine Klasse verließ, konnte ich ihn nur noch aus der Ferne beobachten und seine Weiterentwicklung verfolgen.

Traf er mich auf dem Schulhof oder im Schulgebäude,

so grüßte er mich mit einem herzlichen, strahlenden Lächeln.

Auf den alljährlichen Schulsportfesten zeigte er immer bessere Leistungen. Regelmäßig holte er sich einen Siegerkranz.

Nach den vier ersten Schuljahren ging er zur höheren Schule über. Wenn seine Eltern auch nicht vermögend waren, so wollten sie ihm auf Anraten unseres Turnlehrers doch ermöglichen, Sportlehrer zu werden. Das war bestimmt der richtige Beruf für ihn. Darin würde er Hervorragendes leisten.

Von da an sah ich Horst noch seltener. Nur ab und zu begegneten wir uns auf der Straße. Wenn ich mich dann erkundigte, wie es ihm in der neuen Schule in der Stadt ergehe, antwortete er immer fröhlich: „Ausgezeichnet!"

Er war mittlerweile ein strammer junger Mann geworden, der beste Sportler unseres Ortes. Die Turner bedauerten schon, daß er nach Ablegung der Reifeprüfung den Ort verlassen und zur Sportakademie gehen würde. Immer hatte er die ersten Preise für den Turnverein geholt.

Noch einmal sollte er auf dem großen Deutschen Turn- und Sportfest mitmachen. Selbstverständlich würde er wieder als einer der besten Sieger heimkehren.

Schon wurden Vorbereitungen getroffen, um einen festlichen Empfang zu bereiten: Begrüßung am Ortseingang, Zug durch die Hauptstraßen mit Musik und Fackeln, Festakt in der Turnhalle waren geplant.

Ich freute mich nicht so darüber wie die anderen Lehrer, die auf unseren ehemaligen Schüler stolz waren und ihm eine glänzende Zukunft voraussagten. Ich fragte nicht einmal, wann der Sieger eintreffen und gefeiert werden würde. Ich wollte nicht teilnehmen, nicht einmal als bescheidener Zuschauer. Ich wollte nicht zusehen, wie Horst mit seinem strahlenden Lächeln diese Ehrungen entgegennahm und dann zum gemeinsamen Feiern geleitet wurde.

Eigentlich hätte es mir auffallen müssen, daß ich an dem

für den Empfang vorgesehenen Abend, den ich natürlich, auch ohne danach zu fragen, erfahren hatte, nichts von der Musik des Festzuges vernahm. Die Trommler und Pfeifer pflegen sonst ihre Kunst mit gebührender Lautstärke darzubieten. Aber vielleicht, so dachte ich, als ich nachts aufwachte und es mir einfiel, daß jetzt in der Turnhalle gefeiert wurde, vielleicht hatte ich nichts gehört, weil ich nichts hören wollte.

Ich richtete mich im Bett auf. Ich konnte von meinem Schlafzimmer zur Turnhalle hinübersehen. Kein Laut drang von dort zu mir herüber.

Hatten sie so früh mit ihrem Festabend aufgehört? Ich blickte auf die Uhr. Es war erst zwölf Uhr. Oder hatte ich mich geirrt? War der Empfang morgen? Warum mußte ich so sehr an Horst denken, sogar die Hände für ihn falten?

„Haben Sie schon gehört ... von Horst?" fragte mich sogleich unser Hausmeister, als ich, von einer unerklärlichen Unruhe getrieben, sehr früh in die Schule kam.

Da wußte ich, daß ihm etwas zugestoßen war.

Bei einer großartigen Riesenwelle, mitten im Staunen und Beifall der Zuschauer, war er gestürzt. Nun lag er in einer fremden Stadt, fern der Heimat, im Krankenhaus.

Ich war erschüttert. War das die Antwort auf meine Gebete? Sind Gottes Wege so ganz anders als unsere Wege?

Viele Wochen, vom Juli bis in den November hinein, mußte Horst dort bleiben und reglos im Gipsverband ausharren. Als er dann in einem Wagen in das hiesige Krankenhaus gebracht wurde, war es offenbar, daß er nie mehr würde laufen, schwimmen, turnen können.

„Wie wird er das tragen?" fragte unser Rektor sorgenvoll, als wir uns in der Pause darüber unterhielten.

„Furchtbar ist das für einen so hoffnungsvollen jungen Menschen!" rief unser jüngster Kollege. „Er wird verzweifelt sein, mit Gott hadern."

„Vielleicht weiß er es noch gar nicht", meinte ein anderer, „man wird es ihm so lange wie möglich verschweigen, um ihn nicht zu entmutigen."

„Einmal muß er es doch erfahren", wandte unser Rektor ein, und dann fragte er mich: „Wollen Sie ihn nicht als erste von uns besuchen? Ich erinnere mich noch, wie sehr er als Kind an Ihnen hing. Wissen Sie noch, wie er damals bei seinem ersten Sieg Ihnen um den Hals fiel?"

Und ob ich es noch wußte! Die Tränen kamen mir in die Augen, als ich dieses Bild wieder vor mir sah. Ja, ich wollte Horst besuchen.

Aber als ich mein Vorhaben dann ausführte, wagte ich kaum, in sein Krankenzimmer einzutreten!

Doch wie groß war mein Erstaunen, als ich meinen lieben ehemaligen Schüler wiedersah! Kein verzweifelter Krüppel, sondern ein fröhlicher junger Mann blickte mir entgegen und begrüßte mich mit dem alten strahlenden Lächeln.

Wußte er die Wahrheit immer noch nicht?

O doch, er wußte sie. Aber er wußte auch noch eine andere, eine höhere Wahrheit. Er war in die Stille geführt worden, um zu sich selbst und zu seinem Gott zurückzukommen. Nun hatte er endlich wieder Zeit gehabt, in der Heiligen Schrift zu lesen und so eindringlich und von ganzem Herzen mit seinem Herrn zu reden wie einst als fröhliches, vertrauendes Kind.

Wir beide hatten ein so feines Gespräch miteinander, daß mir heute noch das Herz warm wird, wenn ich daran zurückdenke. Eine geheiligte Stunde wurde uns geschenkt.

Äußerlich ein gebrochener Mensch, innerlich ein frohes, gesegnetes Gotteskind, so kehrte Horst nach Wochen heim.

Mit den Siegerkränzen war es vorbei. Aber von nun an strebte er nach einem andern Siegerkranz, von nun an streckte er sich nach einem andern Ziel aus.

Ein Sportlehrer wurde Horst nicht. Aber er konnte

sein Abitur machen und die Pädagogische Akademie besuchen und wurde einer der Lehrer, von denen geschrieben steht:

„Sie werden mit viel Segen geschmückt und erhalten einen Sieg nach dem andern."

# EINDRINGLINGE

„Was hatte ich eine nette Klasse!" klagte ich im Lehrerzimmer. „Fast fünf Jahre habe ich sie nun, und nie habe ich Erziehungsschwierigkeiten mit ihr gehabt. Und jetzt . . ."

„Ja", stimmte die junge Lehrerin bei, die im Schrank nach einem Buch suchte, „ich habe immer besonders gern in Ihrer Klasse Fachstunden gegeben, aber seit diese Eindringlinge darin sind, graut es mir hineinzugehen. Die fünf haben die ganze Klasse verdorben. Die sind an allem schuld."

„Sind sie das wirklich?" fragte ich nachdenklich.

„Natürlich", entgegnete sie im Hinausgehen. „Oder zweifeln Sie etwa noch daran? Nun ja, ich gebe zu, die drei Mädchen sind ziemlich harmlos, aber seit die beiden Jungen in der fünften Klasse sind, ist der Teufel los."

Ich blieb allein im Lehrerzimmer zurück. Ich hatte eine freie Stunde. Hefte verbessern oder lesen mochte ich jetzt aber nicht. Ich schaute zu den beiden großen „Bundeshäusern" hin, die man unserer schönen neuen Schule gegenüber errichtet hatte. „Ausgerechnet", hatte unser Hausmeister ärgerlich gesagt.

Nun, äußerlich störten sie nicht. Sie sahen recht stattlich aus. Aber diese Menschenmenge, die man vor kurzem aus Flüchtlingslagern hineingeschleust hatte, war wirklich keine gute Nachbarschaft. Gewiß war eine Anzahl ordentlicher Leute dazwischen, die selbst am meisten unter den Verhältnissen litten. Sie würden bald — wie die Flüchtlinge früherer Jahre, zu denen auch unser vortrefflicher Hausmeister zählte —, in Fleiß und anständigem Benehmen unserer Bevölkerung gleich, mit ihr durch Heirat und Freundschaft vermischt sein und in geräumigere Wohnungen übersiedeln. Andere jedoch waren darunter, die durch jahrelanges Lagerleben rauh und

69

rücksichtslos geworden waren, Störenfriede der Ruhe und Ordnung.

Die drei Mädchen, die aus diesen Häusern in meine Klasse gekommen waren, zählten ohne Zweifel zu der ersten Gruppe. Die blonde Gisela war munter und fleißig und würde bald ihre Klassenkameraden eingeholt, ja überflügelt haben. Die schmale blasse Irma beteiligte sich noch wenig am Unterricht. Ihr Lächeln war scheu und traurig. Ihre jüngere Schwester gab sich große Mühe, stotterte aber. Die Mutter war eine verhärmte, übernervöse Frau.

Vor einigen Tagen hatte mir Irma mit ihrem schüchternen, jedoch so alten, wissenden Lächeln ihr Poesiealbum auf den Tisch gelegt. Wollte sie mir damit zeigen, daß sie auch solch ein Büchlein besaß wie die andern Mädchen, bei denen es eifriger Sport war, einander „ins Album zu schreiben" und uns geplagte Lehrer gleichfalls um Eintragungen zu bitten? Wollte sie damit, ohne selber sprechen zu müssen, ihre Geschichte wenigstens andeutungsweise erzählen?

Ja, dieser kleine, rote Lederband erzählte eine Geschichte mit zahlreichen und sehr verschiedenen Kapiteln. Das merkte ich erst, als ich ihn jetzt in der Freistunde aus meiner Mappe hervorholte.

„Mine Bok" stand darauf. Die ersten Eintragungen waren in einer fremden Sprache von Kinderhand gemacht, von einem Hilsen Jorunn Christofferssen 12 ar, einer Gudrun Christofferssen, einem Gunnvo 10 ar. Und dann kamen deutsche Worte, die mit Federzeichnungen und Fotos illustriert waren: Bildern von hohen, schneebedeckten Bergen, von einem Blockhaus im Walde, von einem hochmodernen Stadthaus, von Britt, Tron, Vati und Mutti, Marit und Ivar Salomonsen. Diese Mutti erzählte von den Tagen, da Irma bei ihnen in Norwegen war: „Liebe Irma! Du bist über Großenbrude, Kopenhagen, Gotenborg und Oslo am 27. Oktober 1956 zu uns gekommen. Ein frohes Kind haben wir am Ostbahnhof abgeholt. Einige Tage bist du hier gewesen, und dann

in einer Woche bist du 100 Kilometer außerhalb Oslo
— Richtung Nord — in einer Waldhütte gewesen."

So begann der Bericht dieser norwegischen Mutti über
das Jahr ihres deutschen Pflegekindes, der mit den Worten schloß: „Vielleicht kommst du zu uns noch einmal,
vielleicht vielmals."

Hübsche Fotos und selbstgemalte Bilder schmückten
auch die nächsten Seiten, die an ein norwegisches Zeltlager auf einer Insel erinnerten, dessen Motto eingetragen war: „Von allen Seiten umgibst du mich und hältst
deine Hand über mir." Ein Rusken schrieb dazu auf der
nächsten Seite: „Liebe Irma! Dein ganzes Leben steht
im Lichte der frohen Botschaft von dem Herrn und
König Jesus Christus, der auch für dich gekommen ist.
Er schenkt aus freier Gnade dir ein neues Leben, das über
Tod und Sünde siegt. Er schafft das neue, letzte Reich
und ruft auch dich zu seinem Volk."

Ich blätterte weiter. Eine knallrote Rose war eingeklebt, und daneben standen die Verse: „Ein Seehund
lag am Meeresstrand, putzt' seine Schnauz im weißen
Sand. O möge doch dein Herz so rein wie diese Seehundsschnauze sein!" Wo geschrieben? In Berlin.

Eine Renate wünschte auf der folgenden Seite „eine
helle und glückliche Zukunft". Einige Seiten weiter
tauchte wieder ein gemaltes Bild auf, ein eintöniger,
kasernenartiger Bau, und dazu die Worte: „Im gedenken
im Ostfriesland und dem Lager Aurich — Sandhorst
wünsche dir alles gutte und ein frölich leben in deine
Zukunft, Metelko Martin."

Und wieder Fotos, Verse, Wünsche. Das Büchlein war
auf irgendwelchen Wegen weit in den Osten gewandert
und brachte Grüße der zurückgebliebenen Großeltern. Es
hatte irgendwie in den Westen zurückgefunden, und nun
lag es hier auf dem Tisch des Lehrerzimmers einer westfälischen Schule.

Ich würde die erste sein, die hier hineinschrieb. Würde
ich ein gutes, helles oder würde ich ein dunkles Kapitel
damit beginnen?

Ich schob das kleine rote Buch wieder zurück in meine Mappe. Ich wollte mir zu Hause in der Stille einen passenden Vers suchen, schenken lassen. Möge er am Eingang zu einem friedlichen Leben stehen, zu einem Leben in einer neuen Heimat, wünschte ich.

Jetzt war es mir erst recht klar, daß die drei Mädchen, die neu in meine Klasse gekommen waren, nicht schuld an dem bösen Geist waren, der seit kurzem darin herrschte.

Waren aber die beiden Jungen schuld, die gleich ihnen in den gegenüberliegenden Häusern wohnten?

Ich überlegte. Schon ihrem Alter und ihrer Größe nach paßten sie, diese lang aufgeschossenen Vierzehnjährigen, nicht unter meine kleineren und jüngeren Schüler, die Elfjährigen. Auch ihre Aussprache unterschied sie von ihnen. Lasen sie vor, so gab es ein unterdrücktes Gekicher und damit schon wieder einen Grund zu einer Schlägerei in der nächsten Pause. Noch mehr aber trennten sie ihre Vergangenheit, ihre Erfahrungen und Erlebnisse von meiner Schar.

Ich hatte bei „meinen" Kindern um Verständnis für sie werben wollen und hatte sie darum alle einen kleinen Aufsatz schreiben lassen: „Ein Erlebnis." Die „Meinen" hatten recht kindlich von Hasen, Rehen, Eichhörnchen oder allerhöchstens leibhaftigen Wildschweinen berichtet, die ihnen im Wald begegnet waren, von einer Reise zu Tanten oder Großeltern.

Was aber die „Neuen" ungehemmt niedergeschrieben hatten, das war so erschütternd, daß ich es nicht, wie ich beabsichtigt hatte, vorlesen ließ.

Meine Kinder rissen sowieso schon entsetzte Augen auf, wenn Reinhard gleichgültig berichtete: „No jo, ich hatt noch mehr Geschwister. Die beiden Kleensten sind halt uff der Flucht verhungert. Wir haben sie im Straßengraben liegen lassen. Die Großmutter kunnt ooch nich mehr. Da blieb sie ooch do sitzen." Und ich mußte eilig abwinken, wenn er anfing, noch Entsetzlicheres mit ebenso teilnahmsloser Stimme darzubieten, als handelte

72

es sich um Selbstverständliches. Und ebenso ohne Begreifen wie zuvor die „Meinen" blickte mich Reinhard dann an, wenn ich energisch rief: „Schluß damit! Ich will das nicht hören!"

„No jo, ist doch wahr", murrte er, „eben sagen Sie doch noch, wir sollen den andern ooch mal erzählen, was wir mitgemacht haben, damit sie anständiger zu uns werden. No jo, es hat sowieso keenen Zweck. Die plöden Hunde verstehen uns so nicht, und anständiger werden sie doch nicht gegen uns."

Damit hatten sie dann wieder Grund für eine Rauferei im nächsten unbeaufsichtigten Augenblick.

„Sie verstehen uns doch nicht", hatte Reinhard gesagt.

Hatte er recht?

Waren er und sein Kamerad Wolfgang wirklich allein schuld daran, daß „der Teufel in meiner Klasse los war", wie die junge Lehrerin gesagt hatte? Los war er, aber die Neuen hatten ihn nicht erst mit hereingebracht. Er hatte schon in den Herzen meiner Kinder geschlummert, in den Herzen ihrer Eltern, in meinem Herzen. Der Teufel der Lieblosigkeit, der Unversöhnlichkeit, der Selbstsucht und der Selbstgerechtigkeit!

Immer, wenn ich die Kampfhähne gerade auseinandergetrieben hatte, wenn sie gerade wieder, scheinbar friedlich, auf ihren Plätzen saßen, murrte Reinhard vor sich hin: „Das brauch ich mir von dem Gelumpe nich gefallen zu lassen. Ich hau sie alle in'n Klump!"

Und Werner, der Anführer der „Hiesigen", murmelte mit dicken Tränen in den zornigen Blauaugen: „Das brauch ich mir von dem fremden Volk nicht gefallen zu lassen. Ich sag es meinem Vater!"

Werners Vater erschien dann auch prompt und mit ihm der Vater Gerhards oder Christophs oder Willis, und sie verlangten energisch, daß für diese Flegel umgehend Fürsorgeerziehung beantragt werde, damit sie ihre Kinder weder mißhandelten noch verdürben.

Zum erstenmal hatte ich nun auf ihr Drängen unsern

73

Rektor, der so ungern den „Büttel" spielte, einschalten müssen.

Er hatte es, wie es seine Art war, mit Güte versucht, hatte beide Parteien ermahnt, und als in der nächsten Pause wieder ein Handgemenge stattgefunden hatte, hatten Reinhard und Wolfgang, die als Hauptübeltäter ermittelt worden waren, zwei Stunden nachsitzen und während dieser Zeit einen Bericht über den letzten „Überfall" schreiben müssen.

Ich holte die beiden Blätter aus meiner Mappe hervor. Würden sie mir Aufschluß über die beiden Störenfriede geben?

Reinhard, der mit seinen kräftigen Händen besser dreinschlagen als schreiben und mit seinem borstigen Igelkopf eher eine Mauer einrennen als Rechtschreibelehren aufnehmen konnte, hatte ein kaum leserliches Geschmiere abgeliefert.

Der lange, schmale Wolfgang hatte mit der flotten Schrift eines Erwachsenen folgendes zu Papier gebracht:

„Kurz und schmerzlos will ich berichten, wie ich Unschuldslamm mal wieder in kriegerische Auseinandersetzungen verstrickt wurde. Wie gesagt: völlig unschuldig! Ich stand da, betrachtete eine zufällig gefundene und aufgehobene Stecknadel und wollte feststellen, ob sie so spitz wäre, wie man hier im Westen verlangen kann. Zack — rannte Fräulein Ingeborg mit ihrem wohlgepolsterten Hinterteil in diese Nadel hinein. Sie quiekte! Ihr Freund Wilfried eilte zu ihrer Hilfe herbei, boxte mich. Ich wehrte mich natürlich. Mein Freund Reinhard sprang hinzu. Unsere Lehrerin trat ein. Ich nicht faul, und sie knallte mir eine. Ein schlagender Beweis ihrer Tüchtigkeit. Weiter ist wohl nichts vorgefallen. Ich kann mich wenigstens nicht mehr erinnern. Man ist auch nicht mehr der Jüngste! Punktum!"

Was sollte ich zu diesem Aufsatz sagen? Ich wußte mir keinen Rat. War das der Gipfel der Frechheit? Sollte ich ihm wieder eine „knallen"? Aber war diesen abgebrühten, dickfelligen Jungen, die gar nicht mehr „jung", nicht

74

mehr „Kind" waren, mit Schlägen beizukommen? War damit bei ihnen etwas zu erreichen?

Es schellte. Meine Freistunde war zu Ende. Ich ging zu meiner Klasse. Ob ich wieder ein wild ineinander gewirrtes Knäuel kämpfender Jungen, die sich auf dem Fußboden wälzten, dort antraf? Es war fast schon ein gewohnter Anblick.

Doch nein, seit gestern war von unserm Rektor angeordnet worden, daß Reinhard und Wolfgang nach jeder Pause draußen im Flur warten sollten, bis der Lehrer oder die Lehrerin kam.

Da standen sie auch beide: Reinhard mit seinem allzeit trotzigen, mißmutigen Gesicht steil gegen die Wand gelehnt, Wolfgang mit den Händen in den Hosentaschen, krumm wie ein Bogen, neben ihn geflegelt.

Sie schauten mir beide erwartungsvoll entgegen, als sie die beiden Blätter in meiner Hand gewahrten.

Wolfgang begrüßte mich mit spöttisch vertraulichem Augenzwinkern, womit er schon manchen Lehrer und vor allem die Lehrerinnen „hoch" gebracht hatte.

Ich hielt ein paar Sekunden ein, und dann — dann wußte ich plötzlich, wie ich mich verhalten sollte.

„Ich bin überrascht über eure guten Aufsätze", sagte ich freundlich und beobachtete belustigt ihr ungläubiges Erstaunen. „Reinhard muß sich zwar noch im Schönschreiben und Rechtschreiben üben, aber er hat immerhin sein Möglichstes getan."

„No jo", stotterte Reinhard mit hochrotem Kopf, „ich hab so wenig Schule gehabt. Aber es kommt noch, bestimmt! Und wenn mich die andern in Ruh lassen, so soll's nicht an mir liegen, ich tu ihnen ooch nichts mehr. Ich bin kee Pandit, ich bin'n anständiger Junge."

Wolfgang gab ihm einen Stoß, als wollte er ihn aus der ungewohnten Sanftmut aufscheuchen. Er schaute mich dabei spöttisch an; er schien zu fragen: „Na, was sagst du nun aber zu meinem Aufsatz?"

„Du, Wolfgang", fuhr ich freundlich fort und legte meine Hand auf seine schmale, widerstrebende Schulter,

75

„du hast einen einfach großartigen Stil, und Humor hast du erst recht. Das wußte ich ja schon. Schade, daß du dein Talent nicht immer richtig anwendest. Aus dir könnte etwas Vortreffliches werden! Wenn du nur wolltest, könntest du bald der beste Schüler der Klasse sein, denn wie mir Lehrer Bremer berichtete, bist du außerdem noch ein vorzüglicher Rechner."

Wolfgang starrte mich an, als hätte ich mich vor seinen Augen in eine Mondrakete verwandelt. Wenigstens erklärte er mir später sein grenzenloses Erstaunen so.

„Ist ja wunderbar, einfach erschütternd", antwortete er dann grinsend und schaute mit geducktem Kopf schräg zu mir auf, als wartete er gespannt auf eine „geknallte".

Er irrte sich wiederum. Ich ging ruhig vor den beiden her in die Klasse, und während sie merkwürdig still an ihre Plätze schritten, verkündete ich: „Reinhard und Wolfgang haben sehr anschauliche Schilderungen eurer letzten Schlacht geliefert. Wolfgang ist der geborene Berichterstatter."

„Natürlich hat er gelogen", brummelte Werner.

Schon wollte Reinhard wieder zornig aufspringen, aber Wolfgang zog ihn auf seinen Platz zurück.

„Ruhig", befahl ich. „Es gibt keine neue Schlägerei, verstanden! Damit ist jetzt endgültig Schluß! Ich habe es lange genug mit angesehen. Diesmal hättest du angefangen, Werner, und nicht die beiden dort!

Wie kannst du behaupten, daß Wolfgang gelogen hat? In einem hast du jedoch recht: der Richter muß immer beide Parteien verhören. Sollte es noch einmal zu einem ernstlichen Streit kommen, so machen alle — hört ihr: alle! —, die irgendwie daran beteiligt waren, einen mindestens zwei Seiten langen Bericht darüber."

„Auch die Unschuldigen?" maulte Werner.

„Wer unschuldig ist, läßt sich erst nach diesen Berichten feststellen", erklärte ich, „und diesmal wärst du ja nicht unschuldig gewesen. Du hast mit deiner Bemerkung Wolfgang gereizt."

„Und wir sollen still sein!" begehrte Reinhard auf.

„Ich verzeihe ihm großmütig", verkündete Wolfgang
grienend und blinkerte mir wieder vertraulich zu.

In den nächsten Tagen war es in der fünften Klasse
etwas ruhiger.

Ich hatte inzwischen die Eltern der „Hiesigen" zu einer
Besprechung eingeladen, hatte sehr ernsthaft und eindringlich mit ihnen über das „Flüchtlingsproblem" in
meiner Klasse gesprochen und sie herzlich gebeten, ihren
Einfluß mit auszuüben, um den Frieden wiederher-
zustellen.

Doch schon am nächsten Montag gab es neue Unruhe.

„Der Wolfgang hat gestern vor dem Haus, damit es
alle sehen konnten, Holz gehackt", berichtete Werner entrüstet, aber auch mit merklicher Befriedigung.

„Geht's euch was an?" fragte Wolfgang spöttisch. „Das
geht dich nichts an und den Pastor nicht und die Lehrerin
noch mal nicht!"

Wieder schaute er mich lauernd, erwartungsvoll an,
und erwartungsvoll, empört harrten auch meine Kinder
meiner Antwort.

Ich nickte ihm gelassen zu.

„Du hast vollkommen recht, Wolfgang", entgegnete ich
ruhig, „das geht weder deine Mitschüler noch den Herrn
Pastor noch mich etwas an. Nur dich und Gott, der befohlen hat, daß wir den Feiertag heiligen. Aber er hat
den Sonntag nicht sich selber zuliebe, sondern dem Menschen zuliebe gemacht, und wenn du sein Geschenk nicht
annehmen willst, so ist das deine eigene Angelegenheit."

Meine Kinder schwiegen überrascht. Auch Wolfgang
schaute mich erstaunt und ohne sein gewohntes Grinsen
an. Dann senkte er den Kopf und nickte vor sich hin.

„Ich heilige aber den Sonntag", ließ sich da Reinhard
eifrig vernehmen. „Ich war gestern in der Kirche, und
in der Jungschar meld ich mich ooch an."

Wolfgang warf ihm einen verächtlichen Blick zu und
zuckte überlegen die Achseln.

„Der ist nicht mehr zu retten", murmelte er. Und wieder streifte mich sein Blick.

77

„Ich hoffe, daß du noch zu retten bist", antwortete ich ihm ebenso leise, so daß die andern nicht darauf achteten. Er blieb während des Restes der Stunde still und nickte ein paarmal vor sich hin. Worüber mochte er wohl nachdenken?

Wolfgang wurde in den nächsten Tagen ruhiger und merklich fleißiger. Nur einmal überraschte er mich mit einer albernen Zeichnung, die er während des Unterrichts angefertigt hatte und mir beim Heftenachsehen zuschob. Wieder sah er mich dabei spöttisch lauernd an. Was würde ich wohl zu diesem kaum bekleideten Mädchen meinen?

Ich erwiderte seinen Blick ruhig und sagte halblaut: „Schäm dich! Das hätte ich von dir nicht gedacht."

Da sprang er auf, zerriß den Zettel und eilte damit so rasch zum Papierkorb, daß er über Ingeborgs Stuhl stolperte und ihn beinahe umriß.

„Entschuldige, mein Schätzchen", bat er grinsend, zu ihrer noch größeren Empörung.

Es kam der 31. Oktober, das Reformationsfest.

Wie jedes Jahr wollte ich auch diesmal am Vorabend mit den Kleinen einen Laternenumzug machen. Außer einer jungen Kollegin wollte sich kein anderer Lehrer daran beteiligen. Mein Rektor warnte mich: „Sie werden bestimmt von einigen Rowdies gestört werden. Gerade in der Dunkelheit sind wir solchen Flegeln nicht gewachsen."

Aber ich wollte den Kleinen die Freude nicht verderben.

Als ich gegen fünf Uhr auf den Schulhof kam, wo schon eine Anzahl roter, gelber, bunter Laternen leuchtete, stand an der Ecke bereits ein Trupp Halbwüchsiger und beobachtete von weitem, wie sich der Zug aufstellte.

Mir bebte das Herz. Und noch betrübter wurde ich, als ich in einiger Entfernung von den andern großen Jungen auch Reinhard und Wolfgang erblickte. Ich hatte angenommen, daß sich die beiden in letzter Zeit gebessert hätten, und nun wollten sie wieder stören, wollten mich ärgern, den Kleinen die Freude verderben.

Was sollte ich tun? Sollte ich die Kinder wieder nach Hause schicken? Das würde Enttäuschung, Tränen geben, und diese Burschen würden sie auf dem Heimweg belästigen.

Als ich noch überlegte, näherten sich mir Reinhard und Wolfgang langsam.

Und da, ehe sie etwas sagen konnten, wurde es mir leicht ums Herz. Ich streckte die Hand nach ihnen aus.

„Wie froh bin ich, daß ihr da seid, daß ihr uns helft!" rief ich ihnen entgegen.

Hatte ich ihre Absicht wirklich erraten?

„Nur keene Sorge nich, Madämken", tröstete Wolfgang großmütig, „wir werden das Kind schon schaukeln. Wir sind vorhanden!"

„Die hauen wir all in'n Klump!" versprach Reinhard kampfesmutig.

„Nein, bitte nicht!" bat ich. „Sie meinen es nicht böse."

„Glauben Sie?" fragte Wolfgang grinsend. „Sie sind ein ahnungsvoller Engel. Warten Sie mal ab!"

Und richtig, ich brauchte gar nicht mehr lange zu warten. Kaum hatte sich der Zug singend in Bewegung gesetzt, da fuhren die Flegel auch schon klingelnd und johlend kreuz und quer durch die Reihen der verwirrten, verängstigten Kleinen.

Jedoch nicht lange!

„Nu aber druff wie Blücher!" kommandierte Wolfgang, und die beiden Getreuen stürzten sich mit Begeisterung in das Getümmel. Klatsch! Patsch! Hier flog einer vom Rad, dort landete einer im Graben.

Der Rest des abendlichen Spazierganges verlief ohne Störung. Reinhard und Wolfgang marschierten stolz zu meiner Rechten und Linken. Reinhard erzählte eifrig von dem Häuschen, das seine Eltern schon in nächster Zeit bauen würden. Wolfgang grinste vor sich hin.

„Ich bin übrigens jetzt ooch in der Jungschar", meldete er mir zum Schluß; „is'n dufter Führer dabei. Ich hab ihm, das heißt seinen Eltern, neulich Äpfel geklaut.

Nur so zum Sport. Da hat er mich erwischt und in seine Jungschar eingeladen. Der Mann ist in Ordnung."

„Sollten Sie uns noch einmal irgendwie benötigen", erbot er sich beim Abschied mit einer windschiefen Verbeugung: „Wolfgang ist zur Stelle!" Und Reinhard quetschte mir dabei wortlos die Hand.

Wolfgang wurde einer der besten Schüler. Mit vorzüglichem Zeugnis wurde er in das sechste Schuljahr versetzt.

Aber eines Morgens war er nicht in die Schule gekommen. Reinhard berichtete aufgeregt, er sei mit seiner Mutter in aller Frühe abgereist — zurück in den Osten. Ich war starr. Ich wollte es einfach nicht glauben. Jeden Tag wartete ich auf seine Rückkehr.

„Es ist gar kein Spaß mehr in der Klasse", klagte Werner, und die andern Kinder fielen ein: „Ohne Wolfgang ist nichts los."

Endlich erhielt ich einen Brief.

Wolfgang schrieb mit seiner großen, flotten Handschrift an seine Klasse:

„Daß ich, der Sohn meiner Mutter, dies erleben mußte! Ich will meiner Mutter keinen Vorwurf machen. Kurzschlußhandlung, hat alles im Stich gelassen. Es war eben kein Mensch ein bissel nett zu ihr, und das Herz will auch was haben, sagt sie. Als ich in der Morgenfrühe abdampfte, dachte ich: Auf Nimmerwiedersehen! Leid tut es mir um Ingeborg. Wer ärgert nun mein süßes Schätzchen? Na ja, und auch so!

An der Zonengrenze wurden wir nicht mit Girlanden empfangen. Wir wurden mal wieder in ein Lager gesteckt und verhört und nochmal verhört, was ich dank meiner Intelligenz gut überstand. In unsere alte Heimat sind wir nicht mehr gekommen. Was wir in diesem betrübten Nest, wohin man uns endlich verfrachtete, für eine Wohnung erhielten, ist nicht für mein aufstrebendes Wachstum berechnet. Ich werde bald mein edles Haupt anstoßen. Den Schrank, den man uns gnädig verehrte, den wackligen

Tattergreis, habe ich schon zu Brennholz verhackt, aber nicht am Sonntag.

Ich gehe jetzt übrigens zur Jugendweihe. Viel feiern werde ich zwar nicht können. Ihr im Westen habt ja merklich mehr, nur wenig Herz. Behaltet nur alles schön für Euch und seid weiterhin so fromm und artig! Und damit grüßt Euch Euer Prolet Wolfgang. Die Bibel, die unter meinem Tisch liegt, könnt Ihr mir gelegentlich schicken. Man kann nie wissen."

Die Klasse saß sehr still, als ich den Brief vorlas.

„Wir wollen ihm ein Paket schicken", sagte dann Ingeborg leise.

Und sie haben ihm ein großes Paket geschickt. Aber die Last, die auf unseren Herzen liegt, haben wir nicht mit einpacken können. Man löst sich auch nicht mit einem 7-kg-Paket von seiner Schuld.

Wir haben ihm auch seine Bibel gesandt. Aber haben ich und meine Klasse so an ihm gehandelt, wie es dies heilige Buch verlangt?

„Und vergib uns unsere Schuld!" Wenn ich jetzt diese Worte spreche, denke ich auch an Wolfgang.

Nur der eine kleine Satz am Rande seines Briefes blieb als Trost und Hoffnung: „Schickt mir die Bibel! Man kann nie wissen..."

# DAS HALTEZEICHEN

Als er seine nicht ganz saubere, derbe Jungenhand zum erstenmal in meine Rechte legte, als er mit seinen großen dunklen Augen zu mir aufschaute, da hatte ich ihn sogleich in mein Herz geschlossen.

Friedrich Wilhelm hieß er. Aber so preußisch sah er nicht aus. Ich mußte vielmehr bei seinem Anblick an das damals oft gesungene rührselige Lied denken: „Fern im Süd das schöne Spanien, Spanien ist mein Heimatland" mit dem Kehrreim: „Doch mich armen braunen Knaben will kein einziger verstehn."

Er stammte jedoch nicht aus dem heißen Süden, sondern aus dem kühlen Norddeutschland. Sein Vater war als Beamter in unsern Ort versetzt worden. Ich weiß nicht, ob Friedhelm mütterlicherseits eine südländische Ahnfrau oder einen spanischen Ahnherrn hatte. Er glich nämlich seiner Mutter, die mir einmal seufzend klagte: „Ach, es wäre besser, nicht Friedhelm wäre nach meiner Wenigkeit geraten, sondern unsere Tochter Gerda, die leider meinem Manne ähnelt. Jungen haben es ja nicht nötig, schön zu sein." Die hübsche kleine Frau hielt es wohl für einen Beweis von Bildung, daß sie sich selten oder nie mit „ich", „mir" und „mich" bezeichnete, sondern von ihrer Wenigkeit sprach. Es war darum nicht verwunderlich, daß sie in unserem Ort insgeheim „die Wenigkeit" genannt wurde.

Aber auch Friedhelms Vater hatte einen Spitznamen erhalten. Zwei hatte er sogar, aber besonderer Beliebtheit verdankte er sie alle beide nicht, und vertraut war dieser „Zugereiste" den Einheimischen erst recht nicht.

Zuerst einmal wurde er mit spöttischem Unterton „der Akademiker" genannt. Er begann nämlich seine selbstgefälligen Ausführungen sehr oft mit „Wir Akademiker", obwohl für seine Stellung wahrscheinlich die Mittlere

Reife oder das Abschlußzeugnis einer Volksschule genügt hatte.

Noch abfälliger klang sein zweiter Übername: „Der große Idiot." Aber gar zu sehr durfte er sich darüber nicht aufregen, falls er ihn einmal zu Ohren bekam. Denn er pflegte in seiner überheblichen Art andere so zu titulieren, und Fragen wie: „Wo bleibt der Idiot? — Was hat der Idiot gemeint?" waren bei ihm gang und gäbe.

Ich weiß nicht, ob ich von ihm auch so eingestuft wurde. Ich lernte ihn zuerst als „Akademiker" kennen. Als sein Sohn erst einige Tage in meiner Klasse war, hatte er etwas in der Schule zu inspizieren. So bezeichnete er es wenigstens hochtönend. Ich habe nicht erfahren und auch nicht danach gefragt, was er mit unserem Hausmeister zu regeln hatte. Aber bei dieser Gelegenheit fragte er mich freundlich herablassend nach Friedhelms Fortschritten. Ich konnte ihm natürlich nach so kurzer Zeit noch nicht viel sagen, äußerte nur, daß der Kleine anscheinend ein fixes Kerlchen sei.

Der Vater lachte und ähnelte dabei auffallend meinem alten Nußknacker mit dem breiten Mund und den starren wasserblauen Augen.

„Wir Akademiker", sagte er stolz, „können von unseren Sprößlingen eine entsprechende Begabung erwarten. Der Apfel fällt nicht weit vom Stamm. Ich beabsichtige, den Jungen Jura studieren zu lassen. Amtsgerichtsrat — vielleicht auch in die Regierung, in die Diplomatie, wollen mal sehen."

Der Herr Akademiker verabschiedete sich mit einem gnädigen: „Machen Sie weiterhin Ihre Sache gut, Fräulein!"

Ich schaute ihm nach, wie er mit langen Storchenschritten über den Schulhof entschwand.

Jura sollte der kleine Friedhelm also studieren. Nun, bis dahin war noch gute Weile. Vorläufig galt es, die allererste Stufe der Schulweisheit zu erklimmen. Mit Rechtsgelehrsamkeit hatten diese Anfänge kaum etwas zu tun.

In diesen ersten Wochen wurden noch nicht einmal Zahlen und Buchstaben geübt, die ja den Herren Juristen ebenso unentbehrlich sind wie allen anderen Leuten in bescheideneren Berufen. Spricht man doch sogar vom Buchstaben des Gesetzes.

Was ich, die kleine Dorfschullehrerin, von Friedhelm zu Beginn seines Studiums verlangte, das erinnerte nun wirklich nicht an die Tätigkeit eines Amtsgerichtsrats. Ich kann mir wenigstens nicht vorstellen, daß ein Regierungsrat oder gar Minister einen solch prächtigen Osterhasen zu kneten oder aus Streichholzschachteln solch vortreffliche Güterwagen, Personenzüge und Bahnhöfe zu basteln versteht.

Wenn auch berühmte und bejahrte Männer auf Tagungen und Sitzungen allerlei Kritzeleien zu Papier bringen, so traue ich doch den wenigsten von ihnen solch farbenfrohe Märchenbilder zu, wie sie Friedhelm malte. Ich hatte meine helle Freude daran und zürnte durchaus nicht, wenn der „Herr Akademiker" dann und wann mit kühnen Strichen dem Gemälde seines Sohnes noch den letzten Schliff gegeben hatte, und ich verbat es mir nicht, daß häufig in des Vaters flotter Handschrift ein „Sehr gut" unter einem Blatt stand. Mochte er doch seines Herzens Freude schwarz auf weiß bekunden! Mir und meiner Autorität schadete das nicht, und ich tat einfach so, als bemerkte ich diese Glossen gar nicht, die meine Kollegen „ungehörig" fanden.

Der alte, sehr gewissenhafte Lehrer Eiser ärgerte sich darüber, daß ich dieses Einmischen in meine Befugnisse derart auf die leichte Schulter nahm. Er selbst hatte Friedhelms ältere Schwester Gerda in seiner Klasse und stellte immer wieder empört fest, daß ihr Vater in ihre Hefte hineinverbesserte, anstrich und Randbemerkungen machte.

„Ach, lassen Sie ihm halt das Vergnügen!" beschwichtigte unser Rektor, als sich Kollege Eiser in einer Pause wieder einmal beschwerte. „Wir wollen uns doch nur freuen, wenn sich die Eltern um die Schulaufgaben ihrer Kinder kümmern."

„Und wenn uns gar noch ein Akademiker in unserer Arbeit unterstützt!" fiel unser jünster Kollege ein. „Wenn Sie seine Tochter darum schelten, knurrt der Herr Papa höchstens: ,Was will denn dieser Idiot?'"

Die Zornesfalten auf Lehrer Eisers Stirn glätteten sich. Er murmelte zwar noch etwas vor sich hin, aber dann ging sein Unmut in unserem allgemeinen Gelächter unter, und es herrschte wieder die übliche stillvergnügte Zufriedenheit unter uns nichtakademischen Lehrern der Pestalozzischule. Gemächlich begab sich jeder in seine Klasse. Unsere Schutzbefohlenen hatten es uns durchaus nicht verübelt, daß wir sie ein wenig warten ließen. Und gerade dem kleinen Friedhelm, dessen Vater die verlängerte Pause zu verdanken war, kam ich noch zu früh.

„Ach, Sie sind schon da!" begrüßte er mich enttäuscht, als ich an mein Pult trat.

„Was machst du denn an meinem Tisch? Warum bist du nicht an deinem Platz?" fragte ich erstaunt und ein wenig schulmeisterlich streng.

„Ich wollte Sie doch überraschen", antwortete er und schaute mich mit seinen schönen großen Augen vorwurfsvoll an. „Der Pultdeckel schließt ja gar nicht mehr. Da habe ich das Schloß losgeschraubt, um es zu reparieren. Morgen bring ich aus Mutters Nähmaschine das Ölkännchen mit und öle es noch. Die Tür muß ich auch vornehmen. Die quietscht so, und die Klinke ist lose."

„Junge, Junge", staunte ich, „du bist ja ein Tausendsassa! Wo hast du das gelernt. Von deinem Vater?"

„I wo", wehrte er stolz und lachend ab, „der ist dazu viel zu ungeschickt. So was lernt man überhaupt nicht, das kann man von alleine."

„Du bist der geborene Handwerker", lobte ich aufrichtigen Herzens.

Wie oft hatte sich der kleine Kerl mir schon eifrig angeboten: „Soll ich hier noch einen Nagel für das neue Bild einschlagen? — Soll ich dieses Stuhlbein gerade klopfen? — Soll ich an diesen Ständer nicht eine neue Schraube machen? — Soll ich morgen einen neuen Haken für den Tafellappen mitbringen? — Nächsten Samstag zimmere ich einen neuen Schwammkasten, der da fällt bald auseinander!"

Ja, Friedhelm war wirklich der geborene Handwerker. Ob er auch der geborene Rechtsgelehrte war?

Doch was sollte ich mir darüber schon Gedanken machen? Bis dahin lief noch viel Wasser den Rhein hinunter, und außerdem hatte ich nicht darüber zu bestimmen, welchen Beruf Friedhelm einst ergreifen sollte. „Was deines Amtes nicht ist, des laß deinen Fürwitz!" Diesen Spruch müßten wir Lehrer uns in unser Notizbuch schreiben, hatte mir vor vielen Jahren der greise Hauptlehrer Baumann aus dem Schwabenland mit auf den Weg gegeben und hinzugefügt: „Weil wir eine Schulklasse regieren, bilden wir uns zu leicht ein, draußen vor dem Schultor seien wir auch Alleinherrscher, und dadurch können wir ganz unangenehme Leute werden."

Ich würde mich hüten, mich in Friedhelms Berufswahl einzumischen und würde wohl auch nie darum gefragt werden. An dem Herrn Amtsgerichtsrat oder Regierungsrat würde ich wahrscheinlich nie meine Freude haben, wohl aber jetzt noch an dem fixen Handwerkerlein.

Daran hatte die ganze Klasse ihren Spaß, und als ich ihnen die Geschichte von dem tüchtigen Mann erzählt hatte, der immer mit seinem Hämmerlein durch den Ort ging, hier eine Latte am Gartenzaun, dort einen Fensterhaken festklopfte, da hatte Friedhelm auch einen Spitznamen gewonnen. „Meister Hämmerlein" wurde er von seinen Mitschülern gerufen, und er war so stolz auf diesen Titel, wie er es später auf den Titel „Regierungsrat" kaum sein würde.

Von da ab lief er auch nur noch mit seinem Hämmerlein in der Tasche herum und erbot sich nicht nur bei mir, sondern bei allen anderen Lehrern fast in jeder Pause zu irgendeiner Klopferei.

Sämtliche Bilder in sämtlichen Schulräumen hingen seiner Ansicht nach nicht sicher genug und mußten dringend fester genagelt werden. Wie oft haben wir Lehrer ihn

87

schmunzelnd beobachtet, wenn er durch die Flure, am Haus, am Zaun entlang strich und mit hochgerecktem Kopf bis zum Dachfirst hinauf inspizierte, ob alles noch in Ordnung sei und seine Hilfe nicht gebraucht werde.

„Am liebsten nagelte er noch die Sonne fest", scherzte unser Rektor, und sogar Lehrer Eiser gab zu: „Dem Kerlchen kann man nicht böse sein, und wenn er einem Löcher in die Wände schlägt."

„Er hat außer seinem Hämmerlein noch ein anderes Mittel, um sich der wohlwollenden Behandlung durch seine Mitwelt zu versichern", berichtete ich lachend: „Wenn ihm einer seiner kleinen Mitschüler nicht zu Willen ist, ihm einen Buntstift nicht leihen, ihn nicht vom Stück Kuchen abbeißen lassen will, dann schaut er den andern todernst von unten herauf an und murmelt mit dumpfer Stimme: ‚Du wirst es noch bereuen!‘ "

„Oho, er droht!" rief Lehrer Eiser. „Das würde ich aber an Ihrer Stelle nicht durchgehen lassen."

„So eine Art von Drohung ist das nicht, daß er sich etwa mit körperlicher Gewalt rächen will", widersprach ich. „Er bringt das so traurig düster an und blickt so seelenvoll mit seinen großen Augen, daß ich auch schon darauf hereinfiel und ihn verunglückt, tot, auf einer Bahre vor mir sah. So erreicht er seinen Willen ohne rohe Gewalt."

„Ob er das von seiner Mutter gelernt hat?" scherzte einer der Kollegen.

Wieder gingen wir lachend auseinander, diesmal nicht in unsere Klassen, sondern nach Hause. Die Mittagsglocke läutete gerade. Ich hatte noch etwas in meinem Pult vergessen.

Als ich den langen Hausflur hinabging, hörte ich schon von weitem das bekannte Hämmerlein. Friedhelm hatte sich wieder einmal die Klassentür vorgenommen. „Diesmal war es nicht so einfach", berichtete er mir mit hochrotem Kopf. „Ich mußte das Schloß herausnehmen. Aber nun bin ich gleich fertig."

Ehe ich seine Arbeit begutachten und loben konnte,

kam ein größeres Mädchen den Gang heruntergeschlittert. „Wo bleibst du denn, du Idiot?" rief es.

Da wußte ich sofort, daß es Friedhelms Schwester war. Als sie näher trat, sah ich es auch an der Ähnlichkeit mit Friedhelms Vater. Die Mutter hatte recht. Gerda war ihrem Vater aus dem Gesicht geschnitten, und schön war sie durchaus nicht mit dem blaßblonden glatten Haar, den blaßblauen Augen und dem breiten Mund. Aber irgendwie war dieses Gesicht doch anziehend. Diese Gerda gefiel mir, und wenn es auch nur darum war, weil sie so vergnügt mit blanken Zähnen lachte und mich wie ihr Vater, aber auf fröhliche Art, an meinen guten alten Nußknacker gemahnte.

„Aber Gerda", schalt ich sie nun doch, wenn auch mit sanfter Stimme, „wie kannst du denn deinen kleinen Bruder ‚Idiot' nennen! Weißt du denn nicht, was das Wort bedeutet?"

Sie schaute mich verdutzt an. „Nö", antwortete sie harmlos, „das sagen wir nur mal so. Na, komm, du kleiner Idiot!"

Sie schlug sich sogleich verlegen auf den Mund, blinkte mir lustig zu und zog „Meister Hämmerlein" mit sich fort.

„Meister Hämmerlein", ging es mir durch den Sinn, während die beiden Hand in Hand über den Schulhof liefen, „ob du ein Gerichtsrat oder dergleichen Hohes wirst, das weiß ich nicht. Aber ein Idiot bist du bestimmt nicht."

Wie können sich nicht nur Eltern, sondern auch wir Lehrer über die Begabung eines Kindes, eines Lernanfängers täuschen! Wie mancher Kleine kommt vollgestopft mit allerlei Vorkenntnissen in die Schule! Bis 100 oder gar 1000 kann er zählen — ohne einen Zahlbegriff zu haben —, seinen Namen und noch einiges mehr kann er schreiben, ellenlange Gedichte vortragen. Darüber sind zwar nur die stolzen Eltern, Tanten und sonstigen Verwandten entzückt, nicht aber wir Lehrer. Aber wenn so ein Bübchen oder Mädchen so hübsch erzählen kann, so nett und sicher antwortet, dann sprießt auch in uns Lehrern manchmal die Hoffnung auf, ein besonders tüchtiges Schäfchen in unsere Herde bekommen zu haben.

„Nur nicht zu früh urteilen!" hat vor Jahrzehnten unser alter Seminarlehrer gewarnt, „die Blender sind oft nach einem Vierteljahr schon die Versager. Die großen Lichter brennen rasch herunter wie eine sprühende Wunderkerze, die eine kurze Zeit mit Ah und Oh bestaunt wird und von der bald nur noch ein qualmender grauer Stumpf übrig ist. Die kleinen Ölfunzelchen brennen langsam und stetig weiter, erleuchten die Stube und erfreuen ihre kleine Umwelt brav und unentwegt."

Ich hatte Friedhelm als fixes Kerlchen eingeschätzt. Und das nicht nur wegen seines Hämmerns, Bastelns, Knetens und Malens. Am Unterrichtsgespräch hatte er sich immer lebhaft beteiligt und in sprachlich und stilistisch richtigen Sätzen geantwortet. Er wußte allerlei über Pflanzen und Tiere, Wald und Feld, Handwerks- und Fabrikbetriebe und das Leben auf der Straße. Über die Arbeit in unserer Schmiede wußte er so gut zu berichten, daß ich von ihm lernen konnte. Ich hatte gemerkt, daß er mit offenen Augen durch seine kleine Welt ging und daß er begierig war, von all dem, was um ihn her war, noch mehr zu erfahren. Er stellte Fragen, er lauschte meinem Erzählen und Belehren aufgeschlossen.

Am aufmerksamsten und hingegebensten schauten mich seine großen Augen an, wenn ich meiner kleinen Schar eine biblische Geschichte darbot. Manchmal rief er auch lebhaft dazwischen: „Die kenn ich!" und fügte dann wohlwollend tröstend hinzu: „Sie können Sie aber ruhig noch einmal erzählen. Meine Großmutter sagt, die Geschichten vom Herrn Jesus könne man gar nicht genug hören." Von dieser Großmutter sprach er oft, meist in der Religionsstunde oder im Anschluß daran.

„Uns kann es gar nicht schlecht gehen", vertraute er mir eines Morgens strahlend an, „wir haben nämlich eine fromme Großmutter, die für uns betet."

„Betet ihr denn nicht auch selbst?" fragte ich.

„O doch", versicherte er. „Ich bete abends: Ich bin klein, und Gerda betet: Müde bin ich. Und mittags beten wir alle beide: Komm, Herr Jesus. Und am Weihnachtsabend liest Vater die Geschichte vom Christkind im Stall aus der Bibel vor. Aber bei der Großmutter auf dem Hof, da wird jeden Tag aus der Bibel vorgelesen."

Von da an habe ich Friedhelms Vater wohlwollender beurteilt.

So waren die ersten nachösterlichen Wochen dahingegangen. Dann trat langsam, ganz allmählich zu dem Malen, Kneten, Basteln und Werken, das Friedhelm so eifrig betrieb, zu dem Erzählen, Spielen und Singen, woran er sich so lebhaft und freudig beteiligte, das Schreiben, Lesen und Rechnen. Ein wenig hatten sich meine Kleinen ja schon in den ersten Wochen durch Malübungen auf das Schreiben vorbereitet. Nun aber sollten sie die ersten Buchstaben kennenlernen.

Damals wurde noch nicht nach der heute so beliebten Ganzheitsmethode unterrichtet. Mit einer kleinen Geschichte vom Gockelhahn, der i i i krähte, von der Ulla, die u u u heulte, der Anni, die über ihr Geburtstagsgeschenk a a a staunte, dem Otto, der seinem Luftballon mit o o o nachschaute, waren die ersten Laute und Buchstaben eingeführt worden. Recht ordentlich hatte Friedhelm seine i u o a e hingeschrieben. Der Summer s, der Brummer m und noch eine Reihe anderer waren nach und nach gefolgt. Dann aber ging es an das Zusammensetzen dieser Laute und Buchstaben.

Und da versagte Friedhelm. Er starrte mit gerunzelter Stirn auf die: so — lila — eile — miau und was sonst da noch alles sauber geschrieben stand, und nach einigem schweren Brüten murmelte er mit düsterer Entschlossenheit: „So!", während sein brauner Finger auf ein „leise" wies. Zuerst war ich darüber nicht gar zu enttäuscht. Ich übte geduldig noch einmal das Lesen der einzelnen Buchstaben, übte danach noch ausdauernder und geduldiger das Zusammensetzen der Laute m — o? mo! l — a? la! s — i? si!

91

Den Erwachsenen erscheint das so einfach, so „kinderleicht". Aber ich weiß aus eigener Erfahrung, wie schwer es dem Kinde fällt, bis es endlich begriffen hat, was der Lehrer eigentlich von ihm will, wenn ihm s — o, m — i vorgesprochen wird. Ich bin einst selbst so begriffsstutzig gewesen. Ich erinnere mich noch sehr gut daran.

Ich könnte das Bild heute noch malen, so deutlich sehe ich es noch. Ich war so verzweifelt, so verwirrt. Was wollten die Erwachsenen denn nur von mir, die Lehrerin in der Schule, die Eltern hier zu Hause? Da standen nun Vater und Mutter vor mir. Am Wasserstein unserer Küche war es. Mutter hatte Tränen in den Augen, und der immer so vergnügte Vater blickte einmal mich, dann wieder sie ratlos an. Und beide redeten abwechselnd auf mich ein: „Änni, paß mal auf, nun hör doch mal: m — o?" Und ich schaute ebenso ratlos von einem zum andern und antwortete schließlich: „Bu!"

„Änni, nun hör mal ganz genau: l — a?" Ich erwiderte auf gut Glück: „Mi!"

„Wilhelm!" schluchzte meine liebe Mutter schließlich, „unser einziges Kind ist ein Idiot!"

Damals habe ich dieses Wort zum erstenmal gehört.

Nun, ich habe das Zusammensetzen der Laute, das. Lesen zu guter Letzt doch noch gelernt. Und Friedhelm lernte es gleichfalls, allerdings mit Ach und Krach. Noch im dritten Schuljahr war sein Lesen mehr ein Stottern und Stammeln oder ein Auswendighersagen. Gar oft, wenn er mich glückstrahlend mit fließendem Lesen überraschte und ich dann zu ihm trat und fragte: „Wo steht das denn?" zeigte er mir eine ganz andere Stelle.

Man hatte das Lesestück zu Hause so lange mit ihm gepaukt, bis er es auch ohne Buch herplappern konnte.

Wir Lehrer freuen uns immer über eine rechte, vernünftige Hilfe im Elternhaus, und Friedhelms Vater schien sich alle erdenkliche Mühe mit seinem Einzigen zu geben, der nicht nur im Lesen, sondern auch im Schreiben und Rechnen immer mehr versagte, je höher die Anforderungen wurden. Allerdings zeigte sich hierbei auch wieder

seine Überheblichkeit. Er erklärte auf einer Klasseneltern-
versammlung, daß sein Sohn bei ihm keine Fehler in seinen Nachschriften mache, weil er eben richtig diktiere.
Bei seiner deutlichen Aussprache könne der Junge sofort
hören, wie das Wort geschrieben werde. Ich wagte nicht,
zu widersprechen und unter anderem zu fragen, wie er es
denn bei Aufsätzen handhaben wolle. Ich verteidigte mich
auch nicht, als er verlangte, daß alle Diktate vorher den
Eltern mitgeteilt würden, damit sie zu Hause eingeübt
werden könnten. Als er aber behauptete, daß keiner ohne
Abitur etwas Rechtes werden könne, da vermochte ich
nicht mehr zu schweigen.

„Gehen Sie doch die Liste unserer großen Fabrikanten
durch", erwiderte ich. „Wer von ihnen hat die Reifeprüfung bestanden? Und haben sie es heute nicht alle
weit gebracht?"

„Ja, damals", widersprach er, „aber heute muß jeder,
der etwas werden will, sein Abitur bauen!"

„Wenn alle Eltern meiner Schüler so denken, so werden in einigen Jahren viele Tränen fließen", entgegnete
ich darauf. Erklärend fügte ich hinzu: „Viele Kinder
schaffen es einfach nicht!"

„Mein Sohn muß es eben schaffen!" verkündete Friedhelms Vater stolz, „er ist doch kein Idiot!"

Armer Friedhelm, dachte ich, während einige der Eltern verstohlen schmunzelten. Ich war froh, als dieser
Elternabend vorüber war.


„Armer Friedhelm", habe ich späterhin noch oft geseufzt. Er mußte es eben schaffen. Das hatte sein Vater
nicht bloß an jenem Abend zu mir und den Eltern gesagt.
Das würde er oft genug seinem Sohn wiederholen. Und
was war dadurch nach und nach aus unserem „Meister
Hämmerlein" geworden? Wohl hatte er dann und wann
noch sein Handwerkszeug bei sich, oft sogar seinen ganzen Werkzeugkasten, der ihm lieber war als alles Spiel-
zeug. Wohl leuchtete ab und zu noch der alte Frohsinn
in seinen dunklen Augen auf. Wohl war er freudig und

entspannt, mit aller Aufmerksamkeit dabei, wenn wir eine biblische Geschichte besprachen. Aber in den meisten Unterrichtsstunden war er nicht entspannt, sondern gespannt, verkrampft. Seiner gerunzelten Stirn, seinem starren Blick konnte ich anmerken, wie sehr er sich Mühe gab zu erfassen, was ich lehrte. Und doch hatte er dann wieder eine Rechenaufgabe nach der andern falsch gelöst, und sein Diktat wimmelte von Fehlern.

Es tat mir selber leid, wenn ich wieder ein „Ungenügend" in sein Heft schreiben mußte und wenn sich seine Augen dann langsam mit Tränen füllten, die lautlos die braunen Wangen herabflossen.

In einer Pause saß ich an meinem Pult und trug in das Klassenbuch ein. Da wurde sachte, vorsichtig die Tür aufgeschoben, ein dunkler Kopf lugte durch den Spalt.

„Was willst du, Friedhelm?" fragte ich.

Er blickte sich um, ob niemand außer mir in der Klasse war. Dann schlüpfte er rasch herein, schloß sorgfältig die Tür und trat zu mir.

So vertrauend schaute er zu mir auf, daß es mir ans Herz rührte.

„Tante", sagte er mit tiefer Stimme, so eindringlich, beschwörend, wie er sonst sein „Du wirst es noch bereuen" vorbrachte, „Tante, kann der Herr Jesus alles?"

„Gewiß!" erwiderte ich erstaunt und sah ihn fragend an.

„Und wir dürfen ihn um alles bitten, ja?" drängte er weiter in mich.

„Ja", bestätigte ich und wußte immer noch nicht, wo er hinaus wollte.

„Warum habe ich denn jetzt wieder alle Aufgaben falsch gerechnet? Ich habe doch so gebetet. Ehe ich angefangen habe, habe ich die Hände unter dem Tisch gefaltet. Ganz fest, daß meine Knöchel davon weiß waren und meine Finger rot! Zur Strafe für Faulheit kann es auch nicht sein, daß ich wieder ‚ungenügend' habe. Ich habe mit meinem Vater zu Hause geübt. Warum hilft mir der Herr Jesus nicht? Warum läßt er mich so dumm bleiben?"

Das stieß er trotzig hervor, und blitzschnell fiel mir ein, wie ich vor vielen, vielen Jahren auch so gedacht hatte, zum ersten Male irr an meinem Kinderglauben geworden war. Ich hatte sogar meinen Griffel fallen lassen, um unbemerkt unter der Bank knien zu können. Und trotzdem hatte ich Fehler gemacht. Trotzig, bockig hatte ich später zu Hause meiner Mutter vorgeschluchzt: „Ich bin dem lieben Heiland richtig böse!"

Meine liebe Mutter hatte damals vieler Weisheit bedurft, mir aus dieser Enttäuschung herauszuhelfen.

Ich legte meinen Arm um Friedhelm und tröstete: „Warum das der Herr Jesus tut, das weiß ich auch nicht. Er hat selber einmal zu einem Jünger, der ihn auch nicht verstand, gesagt: ‚Was ich tue, das weißt du jetzt nicht, du wirst es aber hernach erfahren.' Gewiß erfährst du es später, warum er dir jetzt nicht hilft. Und das eine weiß ich jetzt schon: Du bist gar nicht dumm. Das weiß der Herr Jesus noch besser als ich."

Friedhelm hob den Kopf und schaute ungläubig zu mir auf.

„Ich mache doch immer so viele Fehler", widersprach er.

„Ja", gab ich zu. „Aber wenn es ans Basteln und Werken geht, dann bist du der Allerbeste in der Klasse. Dann bist du klüger und geschickter als alle anderen. Jedes Menschenkind bekommt seine besonderen Gaben mit auf den Lebensweg. Der eine kann gut rechnen und schreiben, der andere gut malen oder singen. Der eine wird ein tüchtiger Lehrer, der andere ein tüchtiger Handwerker. Auch in der Heiligen Schrift steht: ‚Es sind mancherlei Gaben.' Weißt du, welches die beste Gabe ist?"

Er blickte mich mit seinen großen dunklen Augen fragend an.

„Die Liebe ist die größte unter ihnen", sagte ich langsam. „Aber das verstehst du jetzt noch nicht recht", fügte ich hinzu.

Er nickte bedächtig. Doch dann lachte er mich schelmisch an, kuschelte sich ein wenig dichter an mich und flüsterte mir zu: „Ich versteh es doch schon. So dumm bin

95

ich gar nicht. Alle Menschen sollen wir liebhaben und den Vater im Himmel und den Herrn Jesus, stimmt das?"

„Ja, das stimmt", antwortete ich mit fester Stimme, und in mir war ein Ahnen von der Freude des Herrn, von der geschrieben steht: „Zu der Stunde freute sich Jesus und sprach: Ich preise dich, Vater, daß du solches verborgen hast den Weisen und Klugen und hast es offenbart den Unmündigen."

„Wenn du das ganz gewiß weißt", versicherte ich meinem kleinen Schüler, „dann bist du am Ende klüger als die allerklügsten Leute."

„Wirklich?" fragte er und strahlte mich an.

„Wirklich!" bestätigte ich.

Da läutete es, und die anderen Kinder strömten lachend und lärmend in die Klasse.

Vom ersten ins zweite Schuljahr hatte ich Friedhelm mit gutem Gewissen versetzen können. Dank der häuslichen Hilfe hatte er mit seinen Klassenkameraden Schritt gehalten. Außerdem haben wir Lehrer die Weisung, nur in Ausnahmefällen ein Kind im ersten Schuljahr zurückzulassen, da manches sich nur langsam, erst im zweiten Schuljahr, aus einem Spielkind zu einem Schulkind entwickelt und scheinbar hoffnungslose Fälle sich dann oft noch erfreulich bessern.

Bei Friedhelm war es leider nicht so. Aus dem zweiten ins dritte Schuljahr nahm ich ihn mit weniger gutem Gewissen mit. Ich konnte diese Mitleidstat fast nicht verantworten. Ich mußte aber in Friedhelms Herbstzeugnis vermerken, daß die Versetzung zu Ostern gefährdet sei.

Es überraschte mich nicht, daß gleich nach den Ferien Friedhelms Vater bei mir erschien. Er kam nicht in meine Wohnung, wo wir uns hätten ruhiger und ausführlicher unterhalten können.

„Will Sie nicht lange aufhalten", erklärte er in seiner abgehackten Sprechweise, „bin eben vorbeigekommen. Bin einfach sprachlos! Mein Sohn soll sitzenbleiben! Ist doch ausgeschlossen. Soll Ostern übers Jahr zur höheren Schule,

Gebe mir die größte Mühe mit ihm. Lasse ihm auch neuerdings Nachhilfestunden geben, von diesem jungen Lehrer, diesem Idi . . ."

Er brach ab, starrte mich an. Mir war's, als sähe er mich gar nicht, als blickte er durch mich hindurch.

Und plötzlich zerbarst die tönerne Maske der Überheblichkeit; ein zerquältes Menschenantlitz, das Gesicht eines Vaters schaute mich an, und es brach aus ihm heraus:

„Sie wissen ja nicht, wie das ist, wenn Eltern sich abmühen, alles menschenmögliche tun, wenn man sieht, wie das Kind, das eigene Kind sich abmüht, abschindet, daß ihm der Schweiß die Stirne herunterrinnt, und es kann einfach nicht, es schafft es nicht."

Er blickte mich verzweifelt, mit verzerrtem Gesicht an.

Eine Welle von Mitleid schlug in mir hoch.

„Friedhelm ist so geschickt", versuchte ich zu trösten, „seine Begabung liegt eben auf dem praktischen Gebiet. Er wird ein vortrefflicher Handwerker werden."

„Handwerker!" schrie mich Friedhelms Vater an, „Handwerker, mein Sohn Handwerker! Kommt nicht in Frage! Was denken Sie denn?"

Ich verriet nicht, was ich über diese Engstirnigkeit dachte. Und doch tat mir dieser Mann leid. Wie konnte ich ihnen beiden, dem Vater und dem Kinde, helfen?

„Vielleicht — wahrscheinlich ist Friedhelm Spätentwickler", begann ich zögernd.

„Spätentwickler? Wie meinen Sie das?" fragte der Vater.

„Nun, daß seine Fähigkeiten sich später entwickeln", versuchte ich zu erklären.

„Aha", lachte er ärgerlich auf, „Sie denken wohl, er sei ein Schwabe, der den Verstand erst mit vierzig Jahren bekommt. So lange können wir nicht warten."

„O nein", widersprach ich, „es ist mir nicht ums Scherzen. Gewiß haben Sie schon davon gehört und gelesen, daß die meisten deutschen Kinder zu früh eingeschult werden, die wenigsten mit sechs Jahren schon schulreif sind. Wie es Frühobst und spät reifende Früchte gibt, so ist es auch bei den Menschen, und diejenigen, die zum Spätobst gehören, sind dann übel daran. In England, Frankreich trägt man dem Rechnung und schult erst mit sieben Jahren ein. Ich kenne eine Reihe von Eltern, die ihre Kinder ein Jahr zurückstellen lassen."

Friedhelms Vater schaute mich nicht mehr überlegen, sondern überlegend an. Es schien, als wenn er meinen Worten nicht so recht Glauben schenkte. Ich wurde mutiger.

„Bismarck, Napoleon, Lavater und viele andere berühmte Männer sind Spätentwickler gewesen", behauptete ich frischweg, obwohl ich meiner Sache nicht ganz sicher war. Nun, wenn es der eine nicht gewesen war, dann eben der andere. Irgendwie stimmte es doch.

„Bismarck, Napoleon", knurrte der große Mann vor sich hin und blickte auf seine blanken Stiefelspitzen.

Dann sah er wieder zu mir auf, und es rührte mich, wie er, der Selbstsichere, nun bei mir, der kleinen Lehrerin, Rat suchte.

„Nun ist es aber zu spät für Friedhelm?" fragte er unschlüssig. „Ist ja auch mit fünfeinhalb schon in die Schule gekommen. War also zu früh. Läßt sich nicht mehr nachholen? Und sitzenbleiben muß er?"

Ich nickte bekümmert, aber unmißverständlich.

Dann aber hob ich zuversichtlicher den Kopf. „Er muß gar nicht sitzenbleiben", versicherte ich.

„Nicht sitzenbleiben?" Der große Mann richtete sich zu seiner vollen Größe auf. Ich mußte meine Verheißung rasch einschränken.

„Natürlich kann er bei seinen Leistungen nicht ins vierte Schuljahr mitgenommen werden", erklärte ich, „aber ich könnte jetzt schon ins Zeugnis schreiben: ‚Auf Wunsch der Eltern in das zweite Schuljahr zurückversetzt.'"

„Jetzt sofort?" fragte der Vater erschrocken.

„Ja", erwiderte ich fest, „dann ist es noch kein Sitzenbleiben. Schon oft sind Eltern so einsichtig und vernünftig gewesen, wenn sie sahen, daß es einfach nicht so weiterging. Damit es dem Jungen nicht so schwer wird und den andern nicht so auffällt, könnten Sie ihn einige Wochen, vielleicht sogar bis Ostern, zur Erholung fortschicken, vielleicht zu der Großmutter, die er so liebt. Dort kann er sich erholen von all den Nöten, die er in letzter Zeit gehabt hat und die ihn auch gesundheitlich sehr mitgenommen haben."

Der Vater nagte an seiner Unterlippe, schien wieder seine Stiefelspitzen zu befragen.

„Ist nicht so dumm", murmelte er.

Dann raffte er sich zusammen, machte eine knappe Verbeugung, brummelte noch irgend etwas, und schon ging er mit seinen langen Schritten dem Ausgang zu, während ich zu meiner lärmenden Schar zurückkehrte.

Zwei Tage danach, als ich in der Morgenfrühe vor Unterrichtsbeginn an meinem Pult saß, sah ich Friedhelm laut singend und seinen Tornister über dem Kopf schwenkend über den Schulhof kommen. Ohne das Glockenzeichen zum Hineingehen abzuwarten, stürmte er ins Haus und wie ein Wirbelwind zu mir in die Klasse.

„Friedhelm, was ist denn los?" fragte ich.

Er stieß einen Schemel beiseite, stolperte fast über den Papierkasten, brachte den Kartenständer in bedrohliches Schwanken und fiel mir dann hurrdiburr um den Hals.

„Au!" rief ich lachend und mich wehrend, „du erwürgst mich ja!" Er ließ los, seine Augen blitzten, daß man keine Farbe, nur noch Glanz in ihnen sah.

„Ich fahre fort!" stieß er atemlos hervor, „morgen schon! Ich habe ein Attest vom Doktor, daß ich Luftveränderung brauche. Viele Wochen darf ich bei meiner Oma bleiben!"

„So?" sagte ich nur.

„Ich gehe dort aber auch zur Schule", fügte er eifrig hinzu, als fürchtete er, ich könne sonst Einspruch erheben.

„Und ich darf auf dem Max reiten und die Kühe hüten, und mein Onkel hat ganz nahebei eine Schmiede, und da darf ich helfen", berichtete er weiter. Er schien von meiner Anteilnahme nicht völlig befriedigt.

99

„Vielleicht könnten Sie auch mit", überlegte er, „die Lehrerin dort könnte so lange hierher."

„Wenn es dort so schön ist, wird sie es kaum mögen", wandte ich ein.

Er nickte bedächtig. Dann fiel ihm etwas anderes zu meinem Troste ein. „Sie brauchen jetzt meine Hefte nicht mehr nachzusehen. Sie sparen viel rote Tinte. Die ist teurer als schwarze. Und ich komme ja wieder. Und — und ich schreib Ihnen auch einen langen Brief."

Friedhelm hielt Wort. Es traf wirklich nach einiger Zeit ein Brief bei mir ein. Der Umschlag, auf dem von einer steifen, aber ordentlichen Handschrift die Adresse stand, war sauber. Von dem Briefbogen konnte das auch der mildeste Beurteiler nicht behaupten. Er hatte so viele Fingerabdrücke wie ein Verbrecheralbum. Trotzdem wirkte er freundlich. Der Schreiber hatte sämtliche Kleckse zu Hunden, Katzen, Schafen und allem möglichen Getier umgeformt. Den größten Schmierfleck hatte er sogar zu einem Lastwagen umgestaltet. Noch erfreulicher war der Inhalt, obwohl sich jetzt noch meine Lehrerinnenfeder sträubt, ihn mit allen seinen Fehlern abzuschreiben. Man könnte ihn fast als Rätsel aufgeben.

„Libe Tante! Ich binn kut angekohmen, und ich raide auff Maks und bei mein onkl sein schmitte ist räbäraduhrwägschdäde, wo ich imer räparühren tu. Und unsere Sau hatt färkels, und es ket ir kut, was ich auch fon innen hofe. Fileicht kohmen si auch mall här. File grüse ir Friedhelm."

Ich hatte an diesem Schmierzettel mehr Spaß als an einem sauber geschriebenen Null-Fehler-Diktat meines besten Schülers. Vor allem freute ich mich, daß Friedhelm nun eine glückliche, sorglose Zeit erleben durfte, bei seiner geliebten Großmutter, in einem Hause, wo der rechte Geist herrschte. Er hatte also Wort gehalten und mir — gewiß im Schweiße seines Angesichts — einen Brief geschrieben.

Als Friedhelm nach einigen Wochen zurückgekehrt war, kam er nicht wieder in meine Klasse. Auf Wunsch der

Eltern wurde er aus gesundheitlichen Gründen aus dem dritten in das zweite Schuljahr zurückversetzt.

Wenn ich meinen kleinen braunen Freund auch ein wenig vermißte, so freute ich mich doch über diesen Entschluß seines Vaters, freute mich, daß er meinen Rat befolgt und daß ich diesen Rat gegeben hatte.

Als ich mich bei dem Kollegen, der nun Friedhelms Klassenlehrer war, erkundigte, erfuhr ich, daß Friedhelm ganz nett mitkam und seine Rechen- und Schreibhefte nicht mehr so von Fehlern wimmelten. Es war ja jetzt alles Wiederholung für ihn, und seine wackligen Kenntnisse konnten sich hierbei festigen.

Ob die dunklen Wolken, die Friedhelm bedroht hatten, nun endgültig vertrieben waren? Eine Weile schien es so. Friedhelm blinkte mich immer fröhlich mit seinen blitzenden Augen an, wenn er an mir vorüberlief. Sein Vater grüßte mich so freundlich, wie es seine steife Art nur eben zuließ.

Friedhelm schaffte es sogar, bis in das vierte Schuljahr versetzt zu werden. Ein halbes Jahr danach berichtete mir aber mein Kollege, daß Friedhelms Leistungen erschrekkend nachließen.

Kurz danach stand an einem Morgen wieder Friedhelms Vater vor meiner Klassentür. Als ich auf sein Klopfen öffnete, vermutete ich zuerst, er habe sich in den Türen geirrt. Ich wollte ihn zur Klasse 4 weisen, aber er wehrte ab:

„Nein, nein, ich habe mich nicht verlaufen", sagte er mit einem unfreien, gezwungenen Lachen, „mein Besuch gilt Ihnen. Kam gerade vorbei. Wollte Sie bitten, Friedhelm Nachhilfestunden zu geben. Der Junge hält am meisten von Ihnen. Ich übrigens auch. Hat doch damals auf Ihren Rat hin tadellos geklappt. Bis jetzt. Dieser Kollege versteht das nicht so. Dieser Idi ..."

Ich unterbrach ihn rasch: „Der junge Lehrer gilt als sehr tüchtig", fiel ich ein.

„Mag sein", knurrte Friedhelms Vater, „aber immerhin ... bei Ihnen ..."

101

Hatte er vergessen, wieviel rote Tinte ich in seines Sohnes Heft verschrieben hatte?

Ich blickte zu ihm auf, wollte in diesem Sinne erwidern, und wieder sah ich hinter der starren Maske das zerquälte Menschengesicht. Und es überkam mich der Gedanke, daß so, ohne Maske, uns allesamt unser Gott sieht und weiß, was für ein Gemächte wir sind, und Mitleid hat mit unserer Schwachheit.

Ich gebe ungern Nachhilfestunden, es sei denn, eines meiner Kinder ist durch lange Krankheit zurückgekommen und soll das Versäumte in einigen Wochen nachholen. Diesmal aber sagte ich zu.

An einem der nächsten Nachmittage trat Friedhelm zum erstenmal bei mir an. Er schien nicht ungern zu kommen.

„Bei Ihnen lerne ich lieber als bei den andern Idioten", versicherte er mir freundlich.

„Aber Friedhelm!" schalt ich.

Er riß verdutzt seine großen Augen noch weiter auf.

„Nanu, was denn?" fragte er harmlos, „ist doch wahr! — Ist ja doch nur Murks", vertraute er mir weiter an, „ich meine diese Paukerei. Ich bin eben fürs Studium vernagelt, sagt mein Onkel. Da hilft alles nichts. Kein Ochsen und kein Beten!"

„Aber Friedhelm!" rief ich noch entsetzter.

„Ich meine gar nicht, daß ich nicht mehr bete und daß Beten nicht hilft", beschwichtigte er mich. „Aber das Beten darum, daß ich ein studierter Herr werde, das hilft nicht."

Er beugte sich zutraulich zu mir hin.

„Wissen Sie, warum nicht? Meine Großmutter hat es mir erklärt, als ich mal wieder wegen meiner Dummheit ganz verzweifelt war. Sie hat gesagt, der Vater im Himmel hat etwas anderes mit mir vor. Ich soll einen anderen Weg gehen. Und solange ich nicht den Weg gehe, den er haben will, so lange gibt er immer Haltezeichen für mich und Knüppel zwischen die Beine, bis ich auf seinem Weg bin."

„Aber der Vater im Himmel will auch, daß du deinem

irdischen Vater gehorchst, und darum müssen wir miteinander lernen", bestimmte ich.

„Hm, na also", gab sich Friedhelm darein, und so haben wir denn miteinander geseufzt, gelernt, und zu meinem und Friedhelms Erstaunen bestand er Ostern die Aufnahmeprüfung der höheren Schule.

Durchaus nicht erstaunt war ich, als Friedhelm im nächsten Jahr sitzenblieb. Und dann war ich wiederum erstaunt, daß sich seine Eltern wenig oder gar keinen Kummer darum machten.

Ich traf Friedhelms Mutter auf einer Kaffeegesellschaft, die unsere Frau Bürgermeister anläßlich ihres 50. Geburtstages gab. Auch der bürgermeisterliche Jüngste hatte das Klassenziel der Sexta nicht erreicht, und ebenso war es der Tochter unserer Apothekerin ergangen.

„Das ist gar nicht schlimm", tröstete die Frau unseres Arztes, „ich könnte an jedem Finger einen bekannten Herrn daherzählen, der in der Schule einmal pappen geblieben ist."

„Ja", fiel Friedhelms Mutter ein, „mein Mann sagte auch, jeder Akademiker ist einmal sitzengeblieben, und Medizinalrat Schröder hat zu ihm geäußert, wer nie sitzengeblieben ist, der ist überhaupt kein Kerl."

„Was meinen Sie denn dazu?" wandte sie sich an mich.

„Gewiß ist mancher bedeutende Mann ein Mal sitzengeblieben", gab ich zögernd zu, und unwillkürlich betonte ich das *ein* Mal.

Friedhelm blieb nicht ein Mal, er blieb auch ein zweites Mal in der Sexta sitzen. Ob er nun — wie wir es schon oft bei anderen Schülern erlebt hatten — in die Volksschule zurückkehrte? Ob sein Vater nun vernünftig wurde und die Haltezeichen beachtete?

Am ersten Schultag nach den Osterferien traf ich Friedhelms Schwester auf dem Schulhof.

„Wo ist dein Bruder?" erkundigte ich mich.

Sie lachte fröhlich, wie es ihre Art war, und zeigte nach dem Gebirgszug jenseits unseres Tales.

„Dahinten in der Waldschule, im Internat ist er, da

kommt er nur noch in den Ferien heim", berichtete sie.
„Ist elend teuer. Da müssen wir noch mehr Beamtentunke
essen. Sie kennen das Gericht wohl auch: die Kinder essen
die Tunke, und der Vater bekommt das Stückchen Fleisch. "

„In der Waldschule hat es Friedhelm gewiß wunderschön", begütigte ich.

„Schön?" Sie schüttelte den Kopf, daß die blonden
Zöpfe flogen. „Das wohl weniger. Das ist nämlich so
eine Quetsche, eine Presse, wissen Sie, wo die Weisheit
in die Dummen reingepreßt wird."

Armer Friedhelm! dachte ich, während seine Schwester
vergnügt davonhüpfte.

Armer Friedhelm! dachte ich später noch oft, wenn
ich ihn in den Ferien blaß und schmal und sehr still
wiedersah.

Und das alte Lied von dem spanischen Bettelknaben
fiel mir wieder ein, worin es heißt: „Doch mich armen
braunen Knaben will kein einziger verstehn. "

Ich sah Friedhelm immer seltener. Er blieb meist auch
in den Ferien in seiner Schule.

„Er muß dort pauken", erzählte mir seine Schwester.
„Vater wäre jetzt ja schon zufrieden, wenn er die Mittlere
Reife schaffte. Aber daran hält er eisern fest, ünd der arme
Junge schafft es eben nicht. Wenn er die Prüfung noch
vor den Lehrern seiner Schule ablegen dürfte, dann ge-
riete es vielleicht mit Ach und Krach. Aber vor der städti-
schen Kommission, da versagt er. Seine Mitschüler nennen ihn schon den Methusalem, weil er der Älteste unter
ihnen ist, der arme Kerl!"

Gerda selber war auch nicht mehr in unserer Schule.
Weil ihr Bruder so viel kostete, hatte sie, die Begabtere,
keine höhere Schule besuchen können. Eines Tages hatte
sie mir überglücklich berichtet, daß sie nach der Konfir-
mation ein Jahr auf den großelterlichen Hof gehen dürfe
und die Großmutter ihr danach den Aufenthalt in der
Landfrauenschule bezahlen wolle.

„So werde ich auch noch was Rechtes", hatte sie gemeint, „einen Mann bekomme ich sowieso nicht."

So war mir auch Gerda fast ganz aus den Augen gekommen. Nur in der Weihnachtszeit war sie alljährlich
einige Tage im Elternhaus.

Jahr und Tag hörte und sah ich nichts mehr von Friedhelm.

Und dann ging es plötzlich kurz vor Ostern wie ein
Lauffeuer durch unseren Ort: „Friedhelm hat Selbstmord
begangen!"

Schreckensbleich stürzte die Hausmeistersfrau in meine
Klasse, um mir diese Nachricht vor allen Schülern zuzu-
rufen.

Ich hatte gerade noch die Kraft, mit einer Kopfbewe-
gung auf die entsetzten Kinder zu deuten und die Un-
glücksbotin zur Tür hin abzuwinken. Mit zitternden
Knien folgte ich ihr auf den Flur.

Draußen berichtete sie mit sich überstürzenden Worten,
daß Friedhelm die Prüfung nicht bestanden und sich aus
dem fahrenden Zug gestürzt habe.

Ich konnte nicht mehr weiter unterrichten. Ich lehnte
mich haltsuchend an die Wand. Nein, nein, das konnte
doch nicht wahr sein.

Der Briefträger trat gerade ins Haus, als ich, weiß wie
die Wand, an der ich lehnte, einer Ohnmacht nahe war
und die Hausmeistersfrau nun auch über mich entsetzt
war und ratlos vor mir stand.

„Was ist denn los?" erkundigte er sich, und als sie nun
nicht mehr laut, sondern scheu flüsternd Auskunft gab,
tröstete er in seiner gemütlichen Art: „Ob der Junge
tot ist, dat ist doch noch gar nicht amtlich. Er ist überhaupt nicht unter die Räder gekommen. Er ist den Bahn-
damm runtergekugelt, und als sie dann endlich die Not-
bremse gezogen haben und ein oder zwei aus dem Zug
raus ihm nachgesprungen sind, da war er weg, einfach
weg! Kann ja sein, daß er in eine unserer Talsperren
gerannt ist. Sind ja genug in der Nähe, und tief genug
sind sie allesamt. Aber dat kann noch keiner behaupten,
daß er tot ist. Sie suchen ihn noch."

105

Wir Lehrer standen in der nächsten Pause erschüttert beisammen. „So weit kann der Ehrgeiz, die Unvernunft der Eltern die Kinder treiben", sagte unser Rektor.

„Wenn sie das Haltezeichen nicht beachten", murmelte ich vor mich hin.

Mein jüngster Kollege schaute mich erstaunt an.

„Woher wissen Sie das denn schon?" fragte er. „Ich wollte es gerade als neueste Einzelheit berichten, die ich soeben von unserem Polizeimeister erfuhr, der bei mir seine Tochter entschuldigte. Der Zug fuhr nur langsam, weil gerade das Haltezeichen hochgegangen war, und darum ist es Friedhelm gelungen, unverletzt zu entweichen."

Es wußte ja keiner der Kollegen, welches Haltezeichen ich gemeint hatte, das Zeichen, von dem Friedhelms Großmutter gesprochen hatte, das der Herr in seinen Weg gestellt hatte.

Nach der Schule gönnte ich mir nicht wie gewöhnlich ein Stündchen Mittagsruhe. Meine Gedanken waren zu sehr mit Friedhelm beschäftigt.

Man hatte ihn bisher nicht gefunden. Wo mochte er sein? Weilte er überhaupt noch unter den Lebenden?

Gleich nach Tisch kam eine seltsame Unrast über mich. Ich konnte nicht still sitzen, geschweige denn liegen. Ich schob es auf die Aufregung des vergangenen Morgens.

Daß mich diese Unruhe schließlich aus dem Haus trieb, das war zu verstehen; unbegreiflich jedoch war mir selber, daß es mich, wie von unsichtbaren Fäden gezogen, ausgerechnet zu der Jagdhütte meines alten Onkels drängte.

Es war durchaus nicht so, daß ich Friedhelm dort vermutete und aufspüren wollte. Mit keinem Gedanken erwog ich das. Wie sollte er sich auch gerade in diesen abgelegenen Winkel in der Nähe der Lautersperre verlaufen?

Ich rief Onkel Wilhelm an und teilte ihm meine Absicht mit. Ich wollte bei ihm im Vorbeigehen den Schlüssel holen.

„Du bist nicht gescheit", murrte der alte Herr, „im Sommer, wenn es wirklich wunderschön in dieser Einsamkeit ist, dann muß ich dich anhalten, mich dorthin zu begleiten. Und jetzt, wo die Wege kaum gangbar sind, voller Schneematsch und Wasserpfützen oder zum Teil noch vereist, da fällt es dir ein! Warte doch, bis die Schneeschmelze endgültig vorüber ist!"

„Nein, ich möchte gerade heute hin", bestand ich auf meinem Entschluß wie ein törichtes Kind. „Ich möchte den Vorfrühling dort einmal erleben."

„Na gut!" knurrte er. „Ich hole dich in zehn Minuten ab, dann fahren wir, soweit es mein Wagen schafft. Sonst kommst du überhaupt nicht mehr zurück, solange es noch hell ist."

„Du brauchst ja nicht mit!" rief ich. Aber er hatte schon eingehängt, und ich war heilfroh darum.

Eine schöne Fahrt wurde es allerdings nicht. Ich saß recht kleinlaut neben dem guten Onkel, der dauernd vor sich hin murmelte, unverständliche Worte, die aber zweifellos keine Lobrede auf seine unvernünftige Nichte waren. Der Wagen hoppelte über Berg und Tal, von einer Pfütze in die andere, so daß das Schmelzwasser oft hoch über ihm zusammenschlug.

„So", brummte Onkel Wilhelm schließlich, „jetzt tut es unser guter Kapitän nicht mehr. Nun können wir ihn hier an die Seite stellen und das letzte Stück zu Fuß durch die Schneepfützen trappen, falls du nicht schon genug von deinen verrückten Einfällen hast."

Nein, ich hätte nicht genug, behauptete ich, obwohl ich mich selbst insgeheim für nicht ganz zurechnungsfähig hielt.

Und so stapften wir denn selbander durch Schnee, Wasser, Lehm und was weiß ich alles. Oft waren mir die Füße so schwer von allem, was sich daran festgeklebt hatte, daß ich fürchtete, damit steckenzubleiben. Je tiefer wir von der Fahrstraße auf der Höhe in das enge Waldtälchen hinabkletterten, schlitterten, rutschten, stampften, desto schwieriger war unser Vorwärtskommen.

Ich machte mir immer heftigere Vorwürfe, den gutherzigen alten Mann zu solch einem Ausflug veranlaßt zu haben. Schon war ich nahe daran, ihn endlich zu bitten, mit mir umzukehren, da blieb er plötzlich stehen und faßte mich am Ärmel. Konnte er nicht mehr weiter?

„Was ist?" fragte ich erschrocken.

„Da schau!" raunte er mir leise zu, als ob uns in dieser Einsamkeit jemand belauschen könnte. „In unserer Hütte ist jemand."

Ich strengte meine Augen an. Da unten lag das kleine Holzhäuschen weltverlassen vor uns.

„Ich sehe niemand!" stellte ich fest.

„Natürlich nicht!" brummte er. „Ich kann auch nicht durch die Wände gucken. Aber Rauch steigt aus dem Schornstein.. Komm schnell, da muß ich zusehen!"

Er packte seinen derben Eichenstock fester. Nun faßte ich ihn am Ärmel seines Lodenmantels.

„Nein, Onkel", bat ich, „geh nicht hinein! Das ist zu gefährlich! Wer weiß, in was für eine Räuberhöhle wir da kämen!"

„Quatsch!" antwortete er grob und riß sich los, „ich mache einen Überraschungsangriff. Wer da drin ist, vermutet keinen Besuch!"

Mit großen Schritten, um die das Wasser hoch aufspritzte, eilte er tapfer bergab. Ich wollte den alten Mann nicht im Stich lassen. Durch meine Schuld war er in Gefahr gekommen. Ich folgte ihm, so rasch ich konnte. Er stürmte auf das Holzhäuschen los, riß mit einem Ruck die Tür auf, brüllte wie ein Gangsterchef:

„Hände hoch!"

Ich schaute ihm dicht über die Schulter.

Und wer blickte da mit weit aufgerissenen Augen zu uns auf: Friedhelm!

„Na!" sagte Onkel Wilhelm nur, und dann noch einmal: „Na!" Und dann holte er erst einmal tief Atem.

Wir starrten uns alle drei verblüfft und schweigend an. Zuerst sprach Onkel Wilhelm wieder.

„Hast du deine alte Lehrerin hierher bestellt?" fragte

er und musterte mich mit einem argwöhnischen Seitenblick.

Friedhelm schüttelte den Kopf.

„Ja", antwortete ich leise, „oder vielmehr ein Höherer an seiner Statt."

Der Onkel stutzte, blickte mich noch einmal verwundert an, und dann stellte er eine zweite, sehr merkwürdige, aber auch sehr vernünftige Frage.

„Hast du seit gestern schon etwas gegessen?"

Friedhelm schüttelte wieder stumm den Kopf.

Der alte Mann faßte seinen Eichenstock wieder fester und wandte sich schwerfällig um.

„Na, dann will ich mal zu dem Bauernhaus drüben hinterm Wald gehen, wo ich sommertags meine Verpflegung hole, und dir und uns etwas besorgen. Aber es dauert bei diesen Wegverhältnissen eine halbe Stunde, bis ich wieder hier bin. Ein alter Mann ist schließlich auch kein D-Zug, und der käme erst recht nicht hier durch den Matsch."

Damit stapfte der grobe und doch so feinfühlige Onkel Wilhelm hinaus.

Ich war mit meinem ehemaligen Schüler allein, und er konnte mir sein Herz ausschütten.

„Ich wollte mich gar nicht überfahren lassen", beteuerte er, als ich ihm darum Vorwürfe machte. „Es packte mich nur auf einmal so. Ich wollte fort, nur fort! Ich saß am Fenster des Abteils. Ich schaute nicht hinaus, nur immer stumpf vor mich hin. Da hörte ich einen Pfiff, hob den Kopf, sah das Haltesignal. Ja, da fielen mir Omas Worte ein. Ich überlegte nicht, riß die Tür auf, sprang hinaus, rollte den Damm hinunter, und dann lief ich weiter, immer weiter. Ich weiß gar nicht, wie es kam, daß ich auf einmal an der Talsperre stand. Ich schaute lange auf das Wasser. Da bekam ich solche Angst. Ich zitterte und bebte vor Angst. Ich rannte fort, als wenn ich verfolgt würde. Dann wurde es immer dunkler. Ich stolperte den Berg hinunter. Ganz von selbst kam ich hier vor der Hütte an. Ich fror. Ich wollte nicht einbrechen, nicht stehlen. Ich wollte aber auch nicht in der Nacht im Freien bleiben, erfrieren. Das Schloß ging ganz leicht auf für einen Fachmann. Sie müssen ein besseres Schloß daran machen lassen. Ich war froh, als ich hier im Trockenen war. Aber einschlafen konnte ich nicht. Ich lag hier auf dem Bett und wußte nicht, wie es nun weitergehen solle. Ich schaute immer aus dem kleinen Fensterchen da oben hinaus. Und dann stand ein ganz heller Stern über dem Berg. Der blickte genau zu mir herein. Da wußte ich, daß ich nicht allein war. Und dann habe ich gebetet, gebetet! So lange, bis ich ganz sicher war, daß mir der Vater im Himmel helfen würde, daß er mir jemand senden würde. Und dann hat er Sie gesandt. Wird nun alles gut?"

„Ja", versicherte ich, „wenn wir nun beide noch von ganzem Herzen darum beten, dann wird alles gut."

„Was nun?" fragte Onkel Wilhelm, als sich Friedhelm gründlich satt gegessen hatte und wir beiden Besucher uns auch an den Schinkenbroten und der warmen Milch gestärkt hatten.

„Friedhelm bleibt noch ein Weilchen hier", bestimmte ich. „Er fürchtet sich nicht. Er weiß ja, daß er nie allein ist."

Onkel Wilhelm blickte mich forschend an.

„Gut", stimmte er dann bei, „langweilt er sich denn nicht?"

„Haben Sie nichts zu reparieren hier?" erkundigte sich Friedhelm mit aufleuchtenden Augen.

„O doch", erwiderte der alte Herr schmunzelnd. „Mein Rasenmäher tut es nicht mehr. Ich habe gerne rings um dies Häuschen ein wenig Ordnung und brauche ihn im Sommer. Aber den wieder zurechtbringen, das wird dir zu schwer sein. Sonst könntest du ja damit deinen Aufenthalt hier verdienen."

„Geben Sie ihn her! Geben Sie ihn her!" rief Friedhelm eifrig, „und was Sie an Handwerkszeug haben, das geben Sie mir, bitte! Das Schloß hier muß ich auch zurechtmachen. Am besten bringen Sie aber ein neues, besseres mit, das setze ich Ihnen dann ein!"

Wir konnten den Jungen unbesorgt in seiner Einsamkeit zurücklassen. Er saß ausgestattet mit allen verfügbaren Werkzeugen vor dem störrischen Rasenmäher und hatte rote Wangen vor Arbeitsfreude.

Onkel Wilhelm fuhr mich ungefragt vor das Haus, wo Friedhelms Eltern wohnten.

Seine Mutter empfing mich mit verweintem Gesicht. „Sie wollen sich gewiß nach unserem Sohn erkundigen. Wir wissen noch gar nichts von ihm", erzählte sie schluchzend. „Mein Mann ist verzweifelt, ganz verstört. Unser Einziger!"

Friedhelms Vater saß an seinem Schreibtisch. Er hatte den Kopf in beide Hände gestützt. Sein Haar war verwirrt. Noch verwirrter schauten seine geröteten Augen.

„Er hat so oft gesagt: ‚Du wirst es noch bereuen‘", murmelte er. „Das war ein Spaß. Jetzt ist es Ernst geworden. Ich bereue, ich bereue! Ich habe mir einen Goethe-Band hervorgeholt. Ich habe den Vers gesucht, den Sie mir einmal nannten. Hier steht er: ‚Wir können die Kinder nach unserm Willen nicht formen. So wie Gott sie uns gab, so muß man sie haben und lieben, sie erziehen aufs beste und jeglichen lassen gewähren, denn der eine hat die, der andere andere Gaben!‘ Aber ich, ich habe formen wollen! Ich war nicht mit den Gaben zufrieden, die Gott meinem Jungen gegeben hatte. Ich Idiot!"

Er hielt erschöpft ein. Wieder war vor mir, ohne Maske, das zerquälte Menschengesicht.

„Sie sollten ein anderes Buch hervorholen", sagte ich leise, „das Buch Ihrer Mutter. Darin können Sie besseren Trost finden."

Er starrte mich an.

„Ja, ja", brach es dann aus ihm heraus, „das Buch, das heilige Buch! Warum habe ich es vernachlässigt! Warum habe ich es nicht in Ehren gehalten! Ich war ein schlechter Vater und ein schlechter Sohn! Steht nicht darin: ‚Ihr Eltern, reizet eure Kinder nicht zum Zorn‘?"

„Es steht aber auch darin", erwiderte ich: „Barmherzig und gnädig ist der Herr, geduldig und von großer Güte.' Mit Ihnen ist der Herr auch barmherzig und gnädig gewesen, und darum bin ich jetzt hier."

„Friedhelm lebt!" schrie der Vater auf.

„Ja", antwortete ich. „Friedhelm lebt, weil er in der vergangenen Nacht seine Hände gefaltet und zu dem gebetet hat, der barmherzig und gnädig ist."

Obwohl es inzwischen schon dämmerig, ja dunkel geworden war, obwohl er schon einmal, am hellen Tag, über diese Berg- und Talfahrt gescholten hatte, wartete mein Onkel vor dem Hause getreulich auf uns und fuhr uns den halsbrecherischen, schlechten Weg noch einmal, und diesmal ohne Murren. Er pfiff sogar ab und zu leise, und das bedeutete immer, daß er gut gelaunt war.

Er pfiff sogar, als wir wieder zu Fuß die letzte Strecke zurücklegten und das Schneewasser um uns und über uns spritzte.

Von weitem leuchtete uns das gelbliche Petroleumlicht aus der Hütte tröstlich entgegen.

Als wir in das Holzhäuschen traten, kniete Friedhelm immer noch mit hochrotem Kopf vor dem störrischen Rasenmäher. Ohne sich umzuwenden, rief er stolz: „Das war die schwierigste Arbeit, die ich bisher hatte. Aber jetzt ist alles in Ordnung!"

Von da ab war alles in Ordnung. Und daß es in Ordnung geblieben ist, das erfuhr ich vor einigen Monaten.

Friedhelms Eltern waren nach der Pensionierung des Vaters aus unserem Ort weggezogen. Während des Krieges hatte ich sie ganz aus den Augen verloren.

Nun kehrte ich vor kurzem von einer größeren Reise zurück und mußte in Hagen umsteigen. Als ich an dem Personenzug entlangging, der mich in unser abseitiges Tal bringen sollte, winkte mir aus einem Abteil eine Frau lebhaft zu. Ich stieg zu ihr ein, und wer war es: Friedhelms Mutter!

Sie wollte eine Freundin in unserem Ort besuchen. Mit den weißen Haaren über den frischen Wangen und den dunklen Augen erschien sie mir noch hübscher als früher, und was sie so besonders anziehend machte, war die helle Freundlichkeit, die aus ihrem Gesicht leuchtete.

Natürlich erkundigte ich mich nach ihrer Familie.

„Wir wohnen in dem elterlichen Haus meines Mannes", erzählte sie. „In solch einem alten Bauernhaus ist ja reichlich Platz. Der Großvater ist schon lange tot, und auch der Hofbauer, der älteste Bruder meines Mannes. Aber die Großmutter ist noch sehr rüstig trotz ihrer neunzig Jahre. Sie sollten mal sehen, wie sie uns regiert! Aber es ist ein Regiment mit dem Stabe Sanft, dem wir uns alle beugen. Mein Mann flitzt nur so, wenn sie ‚mein lieber Jung' ruft. Sie nennt ihn oft so, und wir haben ihm schon zum Spaß diesen Übernamen gegeben. Er ist auch wirklich lieb. Sie würden ihn kaum wiedererkennen. Abends, wenn wir alle zusammensitzen, darf er als Ältester die Andacht lesen. Der junge Bauer überläßt ihm gerne die Ehre. Der junge Bauer . . ."

Sie kramte in ihrer Handtasche, holte einige Fotos heraus.

„Sehen Sie, das ist der junge Hofbauer mit unserer Gerda und den drei Kindern. Er hat unsere Gerda geheiratet. Er sah nicht auf die schöne Schale, sondern auf den guten Kern. Und die Kleinen, das können Sie wohl sehen, die gleichen alle meiner Wenigkeit."

Sie lächelte, und ich lächelte auch.

„Und was macht Friedhelm?" fragte ich dann.

„O Friedhelm!" sagte sie glückstrahlend, „der hat an der Autobahn, die dicht bei uns vorbeigeht, eine große Reparaturwerkstätte. Der arbeitet von früh bis spät. Aber es macht ihm Freude, und Gottes Segen ruht auf ihm und seinem Werk. Er hat auch eine prächtige Frau. Leider habe ich kein Bild von ihnen bei mir. Sie müssen uns mal besuchen. Wir sind eine so glückliche Familie." Sie hielt aufatmend ein. Ihr munteres Gesicht wurde still und besinnlich.

„Der äußere Gewinn tut es sowenig wie die äußere Schönheit", sagte sie nachdenklich. „Mein Mann meinte neulich noch: ‚Die Hauptsache ist, daß wir den rechten Weg gehen.'"

„Und auf die Haltezeichen achten!" fügte ich hinzu.

„Das verstehe ich nicht, was meinen Sie damit?" fragte sie.

„Erkundigen Sie sich bei Friedhelm!" riet ich lächelnd. „Er weiß es."

„O ja", stimmte sie bei, „als Autoschlosser wird er wohl über die Haltezeichen Bescheid wissen."

# DIE GROSSE TAT

„Jeder Mensch ist ein Gedanke Gottes." So sagte mein alter Kollege Erler eines Morgens besinnlich und schaute dabei vom Schultor aus über die vierhundert und mehr Kinder, die während der Pause auf dem Hof durcheinanderquirlten.

Der dreißig Jahre jüngere Lehrer Berger zog spöttisch die Mundwinkel herab, wie es seine Art war.

„Da muß dieser Helmut aber ein dummer Gedanke sein", höhnte er.

Das war nicht schön von ihm, und es war auch nicht schön von mir, daß ich diesen jungen Mann so wenig mochte. Heute, nachdem ich selber dreißig Jahre älter geworden bin, denke ich, daß seine sarkastische Art ein inneres Unbefriedigtsein und Suchen verbergen sollte.

„Schämen Sie sich!" blitzte der alte Lehrer den jungen an. „Gestern sagte noch unser Pfarrer in der Predigt, daß Gott mit jedem, den er geschaffen hat, etwas vorhat, so wie wir auch mit allem, was wir schaffen, eine Absicht verbinden. Auch mit diesem Helmut hat Gott seine Gedanken, und wäre es nur, daß andere an ihm Geduld und Liebe üben können."

„Nun, damit bin ich zum Glück nicht gemeint", erwiderte der junge Mann, „ich bin nicht Helmuts Klassenlehrer."

Nein, seine Klassenlehrerin war ich, und ich fühlte mich verpflichtet, meinen Helmut nun auch noch zu verteidigen. „Luther schreibt", fiel ich ein, „niemand lasse den Glauben fahren, daß Gott durch ihn eine große Tat tun will."

„Nun, da bin ich gespannt, was für eine große Tat Ihr begabter Schützling noch ausführen wird", spottete der junge Kollege. „Werden Sie ihn denn wenigstens in diesem Jahr versetzen?"

115

„Seines Alters wegen nehme ich ihn mit in die nächste Klasse; so schreibe ich auch in sein Zeugnis", gab ich trotzig zur Antwort.

„Daß er älter wird, ist wohl seine einzige Tat", rief mir Lehrer Berger noch nach, als ich mich ärgerlich umwandte und mit meinen Kindern meinem Klassenzimmer zustrebte. Nach dem schrillen Pausezeichen strömte alles zur Schultür hinein und durch die langen Flure.

Als Helmut an mir vorbeikam, nickte er mir so vertraulich zu, als wenn wir eine geheime Verabredung miteinander hätten. Ich mußte mir gestehen, daß sein Lachen richtiggehend „dämlich" war, daß sein rundes Vollmondgesicht nichts weniger als Intelligenz zeigte.

Ja, dumm war Helmut. „Hemu" nannten ihn seine jüngeren Mitschüler, die ihn gutmütig herablassend „bevaterten".

Dumm war er ohne Zweifel, aber ein Gedanke Gottes war er ohne Zweifel auch. Beides stand fest. Aber die große Tat würde ich wohl vergebens von ihm erwarten.

An jenem Morgen hatte sein vertrauliches Zublinken seinen besonderen Grund. Helmut hatte mir wieder einmal eine Freude zugedacht. Er bemühte sich fast täglich, mich zu erfreuen, und wenn es auch nicht durch seine Leistungen in der Schule war, so doch durch mancherlei Liebesgaben, wie Schneckenhäuschen, Hühnerfedern, verschmierte Zigarettenbilder, in seiner heißen Faust halb totgequetschte Wiesenblumen, ja sogar vornehmere Gartenblumen, die er aus Nachbars Mülleimer herausgelesen hatte.

Diesmal hielt er mir gleich bei meinem Eintritt in die Klasse strahlend seine alte Schiefertafel hin und rief mir zu: „Duck mal, ich habe dir was deschrieben!" (Er konnte, zu allem Nichtkönnen, auch kein G und K sprechen.)

„Langsam, Hemu, erst singen und beten!" mahnte mein bester Schüler, der körperlich und geistig über dem Klassendurchschnitt stehende Manfred.

Helmut nickte beschämt. Er hatte vor Manfred fast

116

ebenso großen Respekt wie vor mir und für uns beide wohl die gleiche Liebe, waren wir doch seine besonderen Beschützer.

Von Anfang an hatte Manfred mich darin unterstützt, Helmut vor den Hänseleien der anderen Kinder zu bewahren und sie zu einem guten Betragen ihm gegenüber zu erziehen. Er hatte dieses Ziel noch tatkräftiger als ich angestrebt, des öfteren mit Püffen, Knüffen und Hieben, die er natürlich nicht Helmut, sondern der widerspenstigen Gegenpartei verabfolgte.

Nun war das schon lange nicht mehr nötig. Zuerst, als meine Kinder in die zweite Klasse versetzt worden waren und dort den sitzengebliebenen Helmut antrafen, hatten sie sich in der Würde und Weisheit ihres zweiten Schuljahres sehr erhaben über den großen Jungen gefühlt, der diese zweite Stufe der Bildungsleiter nur „seines Alters wegen" erklommen hatte. Nach und nach aber hatte ich ihnen klarmachen können:

„Was nah ist und was ferne,
von Gott kommt alles her",

auch ihr Verstand und Helmuts Unverstand, und sie hatten, soweit es ihr doch noch kleiner Verstand fassen konnte, eingesehen, daß sie dafür dankbar sein mußten, lernen zu können, während der gute Helmut seinen armen Kopf anstrengte, daß er oft puterrot wurde, und doch nichts hineinbekam.

Das zweite, was ich ihnen immer wieder an diesem Helmut veranschaulichte, war, daß es vor Gott nicht auf den Verstand, sondern auf das Herz ankommt. „Der Mensch sieht, was vor Augen ist; Gott aber sieht das Herz an!"

Daß Helmut ein gutes Herz hatte, das konnte wohl keiner bestreiten. Wenn es ihm auch oft nur ungeschickt gelang, so war er doch so hilfsbereit, daß er über Tische und Bänke stolperte, wenn die Tafel zu wischen, die Tür zu schließen, etwas aufzuheben war. Ich mußte nur achtgeben, daß seine Gutmütigkeit nicht zu sehr von den kleinen Kameraden ausgenutzt wurde mit Bitten wie: „Gelt, Hemu, du trägst mir den Tornister heim! — Du putzt das Wasser auf, das ich verschüttet habe! — Du holst mir die Turnschuhe, die ich vergessen habe! ..."

„Wenn dich einer nötigt eine Meile, so gehe mit ihm zwei!" Dieses Bibelwort setzte Helmut wahrlich in die Tat um. Daß ein anderes Wort der Heiligen Schrift, ein hartes, vielen unverständliches, aus dem 2. Buch Mose, auch an Helmut verdeutlicht wurde, das habe ich meiner Klasse natürlich nicht gesagt. Ich denke dabei an den „eifrigen Gott, der da heimsucht der Väter Missetat an den Kindern". Helmut war der Sohn eines Trinkers, der sich — wie das Volk sagt — „zu Tode gesoffen" hatte.

Der zweite Teil dieses Bibelwortes bewahrheitete sich jedoch gleichfalls an diesem Trinkerkind. Der Herr hatte Barmherzigkeit an ihm getan und ihm zu all seinem Unvermögen ein immer fröhliches, dankbares Herz gegeben.

Man mußte ihn, so wenig anziehend er auch wirkte, bei näherem Kennenlernen doch liebhaben. Und lieb hatten wir ihn alle, meine Klasse und ich, so lieb, daß wir beschlossen, er solle bei uns bleiben, bis sie als fünftes Schuljahr mich verließen und einen anderen Klassenlehrer bekämen und Helmut aus der Schule entlassen würde.

Und was sollte dann aus ihm werden? Ich hatte mir schon manchmal Sorgen darum gemacht. Doch ich tröstete mich damit, daß ich immer wieder in meiner langen Tätigkeit als Lehrerin die Wahrheit der Verse erfahren habe:

> „Bist du doch nicht Regente,
> der alles führen soll;
> Gott sitzt im Regimente
> und führet alles wohl."

Vorläufig war Helmut ja noch bei uns, warm eingeschlossen in eine Klassengemeinschaft, in der er sich wohl

118

geborgen fühlte, denn Liebe gibt Wärme und Geborgenheit, und alle in seiner Klasse liebten ihn.

Alle — bis auf den kleinen Erich, der doch dann und wann noch, wenn wir anderen es nicht merkten, sein Mütchen an Helmut zu kühlen versuchte.

Ich hatte Erich zuerst für ein besonders nettes Kerlchen gehalten: geistig aufgeweckt, körperlich gewandt, von Angesicht und in seiner Kleidung hübsch und gepflegt — eigentlich so recht das Gegenteil von Helmut. Ob dieser Gegensatz der Grund war, daß er Helmut nicht leiden konnte? Oder irrlichterte schon in dem kleinen Wicht die Überlegenheit, das Herrschergelüste des Besitzenden über den Besitzlosen und damit Rechtlosen, des Bedrückers über den Unterdrückten?

Eines Tages nach der großen Pause war Manfreds Füller verschwunden. Zuerst legte ich Manfreds lautem Klageruf keine Bedeutung bei. Wie oft ertönt in der Klasse der Schrei: „Mein Füller ist weg! — Mein Heft ist nicht mehr da! — Mein Zeichenblock ist mir gestohlen worden!" Und kurz danach stellt sich dann heraus, daß das vermißte Besitztum friedlich und unangetastet unter dem Tisch, in der Schultasche oder gar vergessen zu Hause liegt!

Als aber bei dem sehr ordentlichen und gewissenhaften Manfred auch nach eifrigem Suchen der Füller nicht auftauchte, als er und seine Nachbarn versicherten, daß er noch in der Stunde zuvor damit geschrieben habe, da wurde die Angelegenheit bedenklicher.

Die Kinder erboten sich von selbst, ihre Schultaschen von mir durchsuchen zu lassen. Doch mir widerstrebte das. Ich mochte nicht nach einem Dieb suchen. In meiner Klasse durfte, konnte kein Dieb sein!

Ich stand überlegend vor meiner Klasse. Wieder einmal wußte ich nicht, was ich tun sollte.

„Wer war in der Pause hier in der Klasse?" fragte ich schließlich.

„Erich hatte Tafeldienst!" berichtete Manfred.

„Helmut hat für mich die Tafel gewischt", rief Erich

rasch, „o ja, und ich habe gesehen, wie er an Manfreds Tisch stand und . . ."

„Nein, nein!" schrie Helmut ängstlich.

„Doch, ganz bestimmt!" versicherte Erich noch eifriger.

„Sag doch die Wahrheit, Hemu, lüg nicht noch! Ich hab es doch gesehen, wie du in Manfreds Tornister gekramt hast und wie du dann etwas in deine Tasche stecktest!"

Das klang so überzeugend, daß ich nicht anders konnte: Ich ging — immer noch zögernd — auf Helmut zu.

„Nein, nein!" schrie er verzweifelt, „danz bestimmt, ich hab den Füller nicht!"

Er langte in seine Hosentasche, kehrte sie um, daß einige Kastanien herausrollten.

„Siehst du, ich hab ihn nicht! Die Tasche ist leer!"

„Im Tornister hat er ihn!" rief Erich. „Ich hab gesehn, wie er ihn hineingesteckt hat!"

„Nein, nein!" jammerte Helmut.

Ich zögerte immer noch.

„Wo warst du denn, wenn du das so genau beobachtet hast?" fragte ich Erich zweifelnd.

Erich zeigte eifrig zu einem unserer großen Klassenfenster.

„Da draußen auf dem Hof bin ich gestanden", erklärte er. „Ich wollte gerade gucken, ob Hemu auch für mich wischte. Ich hatte ihm doch drei Kekse dafür gegeben!"

„Nein, nein! Ist nicht wahr!" widersprach Helmut schluchzend.

Widerstrebend holte ich Helmuts abgegriffene alte Schultasche unter seinem Tisch hervor, griff hinein und — hatte sogleich den Füller in der Hand. Er war mir glattweg hineingerollt.

Ich war wie vor den Kopf geschlagen. Helmut hatte sich über den Tisch geworfen und weinte, heulte, daß es einem in den Ohren weh tat. In den Ohren und im Herzen.

Die anderen Kinder schwiegen bestürzt. Nur Erich triumphierte laut: „Seht ihr, ich hab es ja gesagt!"

„Schweig still!" herrschte ich ihn an.

Und dann versuchte ich, nicht weniger außer Fassung

als meine Schüler, stockend und nach Worten tastend, ihnen zu erklären, daß Helmut nicht so gut nachdenken könne wie sie (das wüßten sie ja schon längst) und daß er wohl gar nicht recht begriffen habe, was er Böses getan habe, daß er einfach den hübschen Füller haben wollte, ohne zu überlegen, daß er ihn nicht wegnehmen durfte. Zuletzt befahl ich ihnen, von dieser unangenehmen Angelegenheit niemand zu erzählen und nicht mehr davon zu sprechen. Ich wollte nichts, aber auch gar nichts mehr davon hören.

Das betonte ich besonders streng, weil Erich inzwischen recht laut geäußert hatte: „Aber so viel weiß er doch, daß er nicht stehlen darf!"

In meine Rede hinein tönte zudem noch das jämmerliche Schluchzen Helmuts und zwischen Schluchzen, Schlucken und Schnaufen seine Beteuerungen: „Ich hab es nicht detan!"

Nach dem Unterricht hielt ich Helmut noch in der Klasse zurück, nahm ihn liebevoll und eindringlich vor. Aber außer diesem jämmerlichen Schluchzen und den Versicherungen: „Ich hab es nicht detan!" war nichts aus ihm herauszubekommen, auch nicht das Gelöbnis, das bei den Kleinen so Brauch ist und das sie doch meist so wenig halten können wie wir Großen: „Ich will es nicht mehr wieder tun!" War Helmut so verstockt oder so dumm, daß ich gar nichts bei ihm erreichen konnte?

Ganz verweint, mit tropfender Nase und verschmiertem Gesicht zog er schließlich ab.

Ich war kaum weniger erledigt und den Tränen nahe, als ich als letzte nach Hause ging.

Am nächsten Morgen klopfte es an der Klassentür. Helmuts Mutter, eine kleine, vor der Zeit gealterte Frau, stand davor. Sie hatte verweinte Augen.

„Helmut hat es bestimmt nicht getan, und wenn auch alles gegen ihn spricht!" beteuerte sie und preßte meine Hand, als wenn sie sich hilfesuchend daran klammern wollte.

„Er weiß nicht, was er tut", versuchte ich zu trösten. „Doch, doch", widersprach sie, „so viel weiß er, daß er mein und dein unterscheiden kann. Und er weiß auch, daß er immer die Wahrheit sagen muß. Hat er Sie je angelogen?"

Das stimmte: auf einer Lüge hatte ich Helmut nie ertappt. Er sagte immer freiweg die Wahrheit, selbst wenn sie ihm schadete. Manfred hatte sogar einmal geäußert: „Was Helmut sagt, das stimmt. Der ist zu dumm zum Lügen."

„Und nun hat ihm der Erich auch noch gestern mittag aufgelauert und ,Dieb' hinter ihm her gerufen", klagte die Mutter weiter. „Und gestern nachmittag hat er sich vor unser Haus gestellt und immer ,Dieb! Dieb! Lumpenpack!' geschrien. Das ist zu hart! Wir haben schon so viel Schande und Spott durch meinen Mann ertragen müssen. Und jetzt sollen wir wieder so verschrien werden. Wenn mein Mann auch getrunken hat, ehrlich ist er immer gewesen. Gestohlen hat noch keiner von uns."

Die kleine Frau schüttelte fassungslos den Kopf mit den strähnigen grauen Haaren. Ich versprach ihr, mir gleich den kleinen Erich vorzunehmen. Ich würde ihm diese Ungehörigkeit sehr streng verbieten.

Ich war sehr ärgerlich über den sonst so liebenswürdigen Missetäter. Hatte ich meinen Kindern nicht vor dem Nachhausegehen noch ausdrücklich verboten, über das Geschehen zu sprechen? War es nicht immer unser stillschweigendes Übereinkommen gewesen, nicht vor Fremden aus der Schule zu plaudern, wenigstens nichts Schlechtes, anderen Mitschülern Abträgliches? Meine kleinen Schüler merkten mir sofort an, als ich wieder zu ihnen in die Klasse trat, daß ich ärgerlich, ja zornig war.

Erich riß seine schönen dunklen Augen noch weiter auf, als ich ihn zu mir herausrief.

„Wie konntest du so etwas Häßliches tun und Helmut auf der Straße und vor seinem Haus ,Dieb' nachschreien!" fuhr ich ihn an.

„Das habe ich nicht getan, ganz bestimmt nicht!" antwortete er eifrig und fuhrwerkte dabei mit Armen und Beinen wie ein kleiner Hampelmann.

Ich schaute ihn schweigend an.

„Nein, nein", rief er noch lauter, „bestimmt nicht! Mein heiliges Ehrenwort, mein heiliges Ehrenwort!"

Ich wurde auch noch lauter, ärgerlicher: „Red nicht so dummes Zeug!" schalt ich. „Was weißt du kleiner Junge von einem heiligen Ehrenwort! Solche Worte darfst du gar nicht in den Mund nehmen. Sag die Wahrheit und rede keine hohen Töne!"

„Nein, nein", ereiferte er sich. „Meine Mutter kann es bezeugen. Ich schwöre!"

„Schweig endlich still mit diesem Gerede!" herrschte ich ihn an. „Wie kann deine Mutter überhaupt wissen, was du hier an der Schule und drüben in der Südstraße schreist! Hatte ich nicht befohlen, Helmut in Ruhe zu lassen? Ist das der Dank, daß er dir gestern für drei lumpige Kekse die große Wandtafel geputzt hat?"

„Er hat ja gar nicht für mich die Tafel geputzt!" widersprach Erich mit wildem Armgefuchtel.

Ich stutzte.

„So, ich meine, dabei war er doch allein in der Klasse und hat den Füller fortgenommen. Hast du das nicht vom Hof aus gesehen?" fragte ich.

„Nein, nein, als ich die Tafel wischte, da hab ich das gesehen", widersprach Erich.

„Und da hast du ihn nicht daran gehindert zu stehlen, wenn du so dicht dabei warst?" bohrte ich weiter. „Warum war Helmut denn überhaupt in der Klasse, wenn er darin nichts zu tun hatte? Ist er denn nicht mit den anderen rausgegangen?"

„Er hat in der Pause Futter für unsere Tauben zum Hausmeister gebracht. Das hatte er wieder gesammelt und zusammengebettelt", berichtete Helga schüchtern aus ihrem Winkel.

„Dann ist er aber wieder leise ins Haus geschlichen und ganz leise in die Klasse", rief Erich dazwischen. „Ich hab es doch gesehen. Mein heiliges Ehrenwort..."

Der kleine Bursche stampfte wild mit dem Fuß.

„Auf mein heiliges Ehrenwort!" schrie er noch einmal mit puterrotem Kopf.

Da knallte ich ihm eine an die Backe, daß sie noch röter wurde. Und zugleich war es mir, als knallte bei mir eine Tür auf, eine Tür in die helle Wahrheit.

„Du hast Manfreds Füller aus seinem Tornister genommen, du hast ihn in Helmuts Schultasche gesteckt", sagte ich Erich auf den Kopf zu. „Warum hast du das getan, du Lümmel?"

Auf einmal war der freche Schreihals ganz „klein und häßlich".

„Ich — ich — mein heiliges Ehrenwort..."

„Schluß damit oder...!" drohte ich.

Da schlich er heulend an seinen Platz.

Tagelang wurde Erich nicht nur von mir, sondern von der ganzen Klasse mit Verachtung gestraft, und das war eine größere Strafe als alle Züchtigungen oder was ich sonst hätte irgendwie über ihn verhängen können. Auch in unserem Laternenzug durfte er in diesem Jahr nicht mitgehen.

„Weil er nicht als Lichtlein geleuchtet, sondern gequalmt hat", erklärte Manfred.

Er hatte zwar mich sowohl wie Helmut zerknirscht um Verzeihung gebeten, aber es dauerte doch noch ein Weilchen, bis er wieder richtig in die Klassengemeinschaft aufgenommen wurde.

Aber Kinder vergessen leicht, und Erich war solch ein „reizendes Kerlchen", daß er bald wieder der beliebte Spielkamerad und obenauf war.

Mir war dieses Erlebnis wieder ein Beweis dafür, wie leicht auch wir Lehrer und Erzieher uns von einem gefälligen Äußeren täuschen und einnehmen lassen, wie leicht es solch bevorzugte Menschen haben, Herzen zu gewinnen und sich durchzusetzen. Wieder erfuhr ich die Wahrheit des Bibelwortes: „Der Mensch sieht, was vor Augen ist; Gott aber sieht das Herz an."

Noch heute grüble ich manchmal darüber nach, warum

dieser kleine Erich so handelte, und — noch heute weiß ich es nicht. Ob er es selber wußte?

Ein Trost war mir, daß auch Helmut rasch vergessen hatte, was ihm angetan worden war, daß er wieder fröhlich inmitten seiner Klassenkameraden lebte, ihnen alle möglichen kleinen Dienste erwies und sich wohl unter ihnen fühlte.

Er hätte sich gewiß bis ans Ende seines Lebens in dieser Gemeinschaft wohl gefühlt. Aber die Zeit ging weiter. Aus meinen Zweitkläßlern wurden Drittkläßler, Viertkläßler. Sie wuchsen an Leib und Verstand.

Helmut, ihr Mitschüler, nahm nur an körperlicher Größe und an Jahren zu. Immer näher kam die Zeit, da er aus der Schule entlassen werden sollte. Was sollte dann aus ihm werden? „Was soll aus Helmut werden?" Das fragte mich auch mehrmals Helmuts Mutter, wenn sie mich auf der Straße traf. Ich wußte keine Antwort. Ich vertröstete sie auf die Berufsberatung, die alljährlich in die Schule kommt und sich jeden unserer Entlaßschüler vornimmt.

Aber zu was für einem Beruf sollte Helmut geraten werden, einem Jungen, der noch nicht einmal die Karte für diese Berufsberatung, wie alle anderen, selbst ausfüllen konnte?

Ich wurde als Klassenlehrerin zu einer Besprechung über dieses Sorgenkind gebeten. Was soll aus Helmut werden? Das war das Thema unserer Unterhaltung. Ich konnte nur wahrheitsgemäß angeben, daß dieser Schüler weder lesen noch schreiben noch rechnen, ja noch nicht einmal einfache Sprüche und Verse behalten konnte.

„Für ein Handwerk kommt er also nicht in Frage", stellte der Beamte fest und stützte nachdenklich den Kopf.

„Er ist ein lieber, williger, diensteifriger Junge", berichtete ich zögernd. Was konnte ich sonst auch zu Helmuts Lob anführen?

„Hilfsarbeiter in einem Betrieb — zu kleinen Dienstleistungen?" überlegte der Berufsberater.

„So ein Pusseljunge, ein Packesel, ein Trottel, an dem

125

sie alle herumschinden und herumhänseln!" wehrte die Mutter.

„Hat er denn gar keine Begabung, gar keine Liebhabereien?" erkundigte sich der freundliche Herr.

Die Mutter schaute mich hilfesuchend an.

Ich überlegte.

„Er ist immer rührend um unsere Schultauben besorgt gewesen, herrenlose Tauben, die uns zugeflogen sind. Er brachte fast täglich Futter, das er im ganzen Ort für sie erbettelte", erzählte ich. „Er kam auch häufig zu mir mit Vögeln, die aus dem Nest gefallen waren, herrenlosen Katzen und Hunden. Er ist ein großer Tierfreund. Auch Pflanzen, Blumen liebt er. Er arbeitete gern in unserem Schulgarten, war unermüdlich im Hacken, Jäten."

„Na also", sagte der Berater aufatmend, „warum haben Sie das nicht gleich gesagt? Die Landwirtschaft braucht dringend Arbeitskräfte. Wir tun ihn zu einem Bauern."

Die Mutter zuckte zusammen. Wieder bat mich ihr scheuer Blick um Hilfe.

„Nur keine Angst!" tröstete ich und legte meine Hand beschwichtigend auf ihren Arm. „Wir beide werden uns natürlich erst Helmuts Arbeitsstelle ansehen. Wir nehmen Helmut mit. Er darf selber entscheiden, ob er dableiben will."

Und so geschah es auch. Ein freundlicher junger Kollege fuhr uns in seinem Volkswagen zu dem Bauernhof, der Helmuts neue Heimat werden sollte.

Einsam in den Bergen lag dieses Haus. Eigentlich waren es sogar mehrere Häuser. Außer dem breit hingelagerten Wohngebäude waren da noch Pferde-, Kuh- und Schweineställe, Scheunen und Schuppen. „Ein kleines Dorf für sich", meinte lachend der Kollege.

„Wunderschön ist es hier!" lobte ich und ließ meine Augen zu den Weiden und den dahinter ansteigenden Wäldern schweifen.

„Das sagen Sie", erwiderte die freundliche Bäuerin, „aber die meisten, die hierher kommen, jammern über die

Einsamkeit, und darum mangelt es uns auch an Arbeitskräften. Heutzutage wollen die jungen Leute abends ins Kino, zum Tanz und wer weiß wohin. Das gibt es hier weit und breit nicht."

„Danach hat Helmut kein Verlangen", versicherte seine Mutter.

Und was sagte die Hauptperson, Helmut, selber?

Er redete überhaupt nicht. Er betrachtete mit strahlenden Augen die Kühe auf der Weide, die Schweine in ihrem Pferch, die scharrenden Hühner auf dem Hof, die Gänse und Enten auf dem kleinen Teich, den Hofhund vor seiner Hütte.

„Habt ihr auch Tauben?" Das war das erste, was Helmut sprach. Als ihm dann von dem Bauern der Taubenschlag gezeigt wurde, da war Helmut restlos zufrieden, und als ihm erzählt wurde, daß bald fünfzig und mehr Schwalbenpärchen zu ihren Nestern unter den Dächern und in den Ställen wiederkehren würden, da war er erst recht glücklich.

Ja, er wollte gern, sehr gern nach seiner Schulentlassung hier einziehen.


Kurz vor den Sommerferien besuchte ich Helmut mit einigen seiner ehemaligen Mitschüler. Das gab ein freudiges Wiedersehen!

„Hemu! Hemu!" riefen sie schon von weitem. Und Helmut fiel fast auf die Nase, so rannte er bergab uns entgegen. Wir hatten ihm alle möglichen kleinen Geschenke mitgebracht. Aber viel wichtiger war ihm das, was er uns bieten konnte.

Das war nicht bloß die gute Milch, das waren nicht die dick belegten Wurst- und Schinkenbrote, die uns die gute Bäuerin freigebig darbot. Helmut wußte noch Besseres, Schöneres für uns.

Er führte uns die kleinen Kälbchen vor, er zeigte uns stolz und zärtlich ein Füllen, er wies uns zum Teich, wo die kleinen Gänse lustig schwammen, er nahm uns mit zu den Ferkeln, zu den Kaninchen, und dabei nahm er

127

unsere Verwunderung und Bewunderung entgegen, als wenn er selber der Besitzer wäre.

Am meisten Freude schien er an den Schwalben zu haben, die in kunstvollen Schleifen und Wendungen, in Auf und Nieder über Dächer und Weideland flogen.

„Dort auf dem Bänkchen kann er sonntags und abends, bis es dunkel wird, stundenlang sitzen und ihnen zuschauen", erzählte lachend die Bäuerin. „Er hat sogar Brettchen unter ihre Nester genagelt, um die Jungen vor dem Herausfallen zu schützen."

Mit strahlendem Gesicht nickte Helmut zu diesem Bericht. Während er dann seinen Kameraden die höher gelegenen Felder zeigte, unterhielt ich mich weiter mit der Hausmutter, die mit mir den Kindern langsamer folgte.

„Er wird nie selbständig arbeiten können", sagte sie, „aber was man ihm zuweist, das tut er willig und unermüdlich fleißig."

Ehe wir schieden, durfte uns Helmut noch seinen größten Schatz vorweisen: die beiden dreijährigen Zwillinge des Hauses, die bis dahin ihr Mittagsschläfchen gehalten hatten.

„Sonntags fahr ich sie manchmal spazieren, und abends spiel ich mit ihnen", verkündete er mir mit seinem vertrauten Augenblinken.

Beruhigt konnte ich mein ehemaliges Sorgenkind wieder verlassen. Ich wußte, Helmut war gut aufgehoben. Auch er hatte seinen bescheidenen, aber rechten Platz gefunden, und damit wollte ich mich gern zufrieden geben. Es war ja nicht gerade zu erwarten und auch gewiß nicht nötig, daß Helmut ausersehen war, einmal eine große Tat auszuführen.

Ich hörte und sah danach lange nichts mehr von Helmut. Ich dachte auch kaum noch an ihn. Ich wußte ihn ja gut versorgt, und an uns Lehrern ziehen so viele Kinder in ununterbrochenem Strom vorüber, daß einzelne oft darin für unsere Augen untergehen.

Es war wohl schon drei Jahre später, als eine aufgeregte

Frauenstimme: „Fräulein! Fräulein!" hinter mir her rief und eine leicht zitternde Hand mich am Mantel festhielt. Als ich mich umwandte, stand Helmuts Mutter mit leicht geröteten Wangen hinter mir.

„Ist Helmut etwas zugestoßen?" fragte ich erschrocken.

„O nein, nein", antwortete sie so fröhlich, wie ich sie bisher gar nicht gekannt hatte, „im Gegenteil! Ich wollte Ihnen nur erzählen, wie gut es ihm geht. Wie Kind im Hause ist er dort auf dem Hof. Und der Bauer und die Bäuerin, die loben ihn! So fleißig und anstellig und brav ist er. Und die drei Kinder — drei haben sie jetzt —, die hängen an ihm! Die sind auch sein ein und alles. Da braucht er keine andere Unterhaltung. Den ganzen Lohn schickt er mir. So ein guter Sohn ist das. In der Feuerwehr der Bauernschaft ist er auch so tüchtig. Immer vorne dran! Das hätte ich nicht gedacht, daß ich noch einmal so viel Freude an meinem Jungen erleben würde. Ich erzähle Ihnen das, weil Sie sich gewiß auch darüber freuen, und vielleicht können Sie auch einmal andere Mütter damit trösten. Es kommt nicht immer darauf an, was einer in der Schule lernt und weiß."

„Da haben Sie recht", stimmte ich bei, „auf Schulweisheit kommt es nicht an."

Und wieder vergingen Jahre. Ich traf Helmut noch einmal flüchtig bei der Beerdigung seiner Mutter. Ich drückte dem Weinenden teilnahmsvoll die Hand. Doch als ich ihn dann mit dem Bauern und seiner Frau auf dem schmucken Jagdwagen mit den beiden blanken Braunen abfahren sah, da wußte ich, daß er — wie ein Kind — bald getröstet sein würde und in guter Hut war.

Und wieder verging ein Jahr. Es war ein gewitterreicher Sommer. Hier und da in unserer Gegend wurden Bauernhöfe vom Blitz getroffen und eingeäschert.

Eines Mittags las ich in der Zeitung, daß es auch in Helmuts neuer Heimat gebrannt hatte. Das Feuer war aber bald eingedämmt worden, so daß Menschen, Vieh und Ernte bewahrt blieben. Leider war bei den Löscharbeiten ein junger Mann so schwer verunglückt, daß er in das Krankenhaus der nächsten Stadt überführt werden mußte und an seinem Aufkommen gezweifelt wurde.

Ich ließ das Blatt sinken. Sofort hatte mich der Gedanke durchzuckt: Ob das nicht Helmut war?

Es ließ mir keine Ruhe. Ich hatte am Nachmittag sowieso in der Stadt zu tun. Um zwei Uhr fuhr ich hin. Sobald ich auf dem großen Marktplatz den Bus verlassen hatte, wandte ich mich, bevor ich meine Besorgungen machte, dem nahen Krankenhaus zu.

Ich brauchte mich dort nicht erst zu erkundigen. Ich traf Helmuts Bäuerin in der großen Eingangshalle.

„Wie gut, daß Sie kommen!" sagte sie mir gleich nach der Begrüßung. „Ich wäre so gern länger bei Helmut geblieben. Aber ich muß unbedingt heute abend zu Hause sein. Die Kinder . . . das Vieh . . . Sie wissen ja, wie Bauersleute gebunden sind. Nachher kommt mein Mann und wird über Nacht bleiben. Ach ja, unser guter Helmut, wenn wir ihn nicht gehabt hätten! Wie er da auf das Dach der alten Scheune kletterte, der einzigen, die noch ein Strohdach hatte, und gerade da mußte es einschlagen! Und wie er da die aufzüngelnden Flämmchen ausschlug! Das hätten Sie sehen sollen! Wir alle starrten ganz sprachlos hinauf. Ja, und dann hatte er es geschafft! Ehe noch die Feuerwehr da war, hatte er das meiste schon erledigt. Die Feuerwehr wäre sowieso zu spät gekommen. Da hat er dann hoch aufgereckt auf dem Dach gestanden, hat vor Freude geschrien! ‚Alle Flammen tot!' hat er stolz zu uns heruntergerufen. Und dann — o Schreck! — dann hat er wieder geschrien, aber nicht mehr vor Glück, nein — er hat auf einmal das Gleichgewicht verloren oder ist ausgerutscht, was weiß ich — er ist abgestürzt!"

Sie weinte laut auf.

„Sie haben ihn schon operiert, aber es ist wenig Hoffnung", berichtete sie noch schluchzend.

Als ich in Helmuts Zimmer trat, strahlte er mir entgegen wie einst, und ebenso vertraulich blinkte er mir zu, als wenn er mir ein Geheimnis anvertrauen wollte.

„Alle derettet", sagte er stockend, „alle derettet, Pferde, Tühe, Tälbchen, Tinder ..."

Dann schloß er die Augen. Ich setzte mich sacht an sein Bett. Nach einer Weile schaute er mich wieder an.

„Woher tommen Sie?" fragte er.

„Aus unserem Ort, Helmut, ich bin hierher gefahren."

Er besann sich mühsam, krauste die Stirn wie ehemals in der Klasse, wenn er etwas nicht begreifen konnte.

„Fahren — Wagen", murmelte er. „Wir haben Pferdewagen — Erich hat danz droßen Wagen — kann weit, weit Reise machen ..."

„Du wirst noch viel weiter reisen dürfen", versprach ich ihm, „du hast ja solch eine große Tat getan. Dafür wirst du belohnt werden."

Er blickte mich verständnislos an.

„Droße Tat?" fragte er.

„Du hast die Flammen ausgeschlagen", erklärte ich ihm.

Er lächelte wieder strahlend.

„Alle derettet", flüsterte er, „Pferde, Tühe, Tälbchen, Tinder ..." Und dann versuchte er sich aufzurichten und hob glücklich die Augen zu mir auf.

„Ich tann einen Spruch! Jetzt tann ich ihn", raunte er.

Ich beugte mich zu ihm hinab.

„Sag deinen Spruch, Hemu!"

Er richtete mühsam den Kopf auf.

„Lasset die Tindlein zu mir tommen ..." flüsterte er, und plötzlich lauter und zum erstenmal in seinem Leben mit einem richtigen K:

„Komm, Herr Jesus!"

Dann sagte Helmut nichts mehr. Er hatte seine große Reise angetreten. Ich wiederholte seine Worte:

„Komm, Herr Jesus! Hole dein Kind! Es hat seine große Tat auf Erden getan. Ja, komm, Herr Jesus!"

# DER PFLAUMENBAUM

Wenn ich den Namen Fritzken höre, muß ich unwillkürlich lachen, und ich spüre, daß es in mir hell und fröhlich wird. So wie mir wird es allen ergehen, die Fritzken gekannt haben. Sie sehen Fritzken dann vor sich, und auch der Verdrießlichste und sogar der Betrübteste muß vor sich hin lächeln.

Wie sah dieses Fritzken denn aus? Er war so klein, daß er gar nicht unter die andern Schulkinder paßte und daß sich einmal folgende Geschichte zutrug:

Der Herr Schulrat war in unsere Klasse gekommen, erblickte Fritzken, der mit seinen kurzen Beinen auf seinem Platz baumelte, und sagte: „Nun, Kleiner, hast du dir einmal unsere Schule ansehen wollen? Hast du deinen Bruder besucht? Jetzt mußt du aber wieder schön nach Hause gehen. Hier wird gelernt, und du darfst noch spielen."

Das ließ sich unser Fritzken nicht zweimal sagen. Er sprang hurtig mit einem Bauz auf den Boden, witschte seine Siebensachen zusammen, nahm seine Schultasche an einem Riemen und wäre in großer Geschwindigkeit aus der Klassentür gewitscht, wenn ich den Irrtum der hohen Obrigkeit nicht erklärt und Fritzkens eilfertigen Gehorsam gehemmt **hätte**.

Was Fritzken an Leibesgröße fehlte, das hatte er an Sommersprossen die Fülle. Sie hatten die gleiche Farbe wie sein Haarschopf. Diese rote Haarfülle war meist unter einer riesigen Schirmmütze verborgen, die über Fritzkens Stupsnase gerutscht wäre, wenn seine abstehenden Ohren sie nicht aufgehalten hätten. Seine Kleidungsstücke waren nicht für seine Größe berechnet. Er bezog sie von seinen beiden älteren Brüdern, und da die Mutter kein großes Nähgeschick hatte, ein Schneider aber mit diesen unwesentlichen Änderungen nicht behelligt werden sollte, wurde kurzerhand von den Hosenbeinen und Jackenärmeln ein Stück abgeschnitten. Es war ein Bild, bei dem man einfach nicht ernst bleiben konnte, wenn Fritzken in diesem Aufzug, mit den langen, weiten Seemannshosen und flatternden Ärmeln im Dauerlauf über den Schulhof wetzte. Keinem wäre je eingefallen, Fritzken zu bemitleiden, solch eine strahlende, ansteckende Fröhlichkeit ging von ihm aus. „Fritzken", brummte sogar unser bärbeißiger Kollege Übel wohlwollend, wenn der Knirps an ihm vorbeihuschte und zu ihm hoch lachte.

„Fritzken", lispelte Kollegin Franz gleichfalls und blickte nicht mehr so sauertöpfisch drein, und wenn unser Rektor irgendwelchen Ärger gehabt hatte und mies gestimmt war, beeilte ich mich, ihm eine Liste oder dergleichen durch Fritzken bringen zu lassen.

Es ist in meiner Klasse Brauch, daß sich jedes Geburtstagskind nach dem Geburtstagslied und dem Geburtstagsbild noch etwas wünschen darf, entweder noch ein Lied oder ein Spiel oder eine Geschichte. Meist wird eine Geschichte gewählt, und dabei werden noch bestimmte Merkmale verlangt: eine lustige, eine traurige, eine aufregende, eine selbst erfundene, eine zum Ausdenken, eine wahre, ein Märchen, eine von hier, eine von Afrika und dergleichen.

Fritzken verkündete mit lauter Stimme seine Bestellung: „Ich möchte die Geschichte vom Herrn Zacher haben."

Die Geschichte vom Herrn Zacher! Ich kramte angestrengt in den Erinnerungsschubladen meines Gedächtnisses.

Ich kenne viele Geschichten, die mir nach Verlangen sogleich gegenwärtig sind: neue und alte, traurige und lustige, wahre und erfundene, ganz nach Wunsch meiner Hörer. Aber von einem Herrn Zacher wußte ich keine, obwohl der Name, seit sich hier Ostvertriebene angesiedelt haben, mir bekannt ist.

Fritzken selbst erbarmte sich meiner Not.

„Von dem Herrn Zacher, der auf den Pflaumenbaum

geklettert ist, um den Herrn Jesus zu sehen", erklärte er
ausführlich.

„Ach, du meinst den Zachäus!" fiel ich erleichtert ein.
„Das war aber ein Maulbeerbaum."

„Na ja, ist ja gleich, was für'n Baum das war", gab
Fritzken wohlwollend zu, „Hauptsache ist, der Herr
Zacher war so klein wie ich, und er konnte nicht über
die andern weggucken, die sich vor ihn drängten. Da ist
er einfach auf den Baum geklettert, und da konnte er den
Herrn Jesus besser sehen als alle andern Großen, und
der Herr Jesus konnte ihn auch sehen und hat gesagt:
‚Steig nur fix runter, ich will bei dir zu Abend essen.'"

So, nun war ich im Bilde. Eigentlich hätte ich die Geschichte gar nicht zu erzählen brauchen. Fritzken konnte
sie wohl besser als ich. In sein Herz hatte er sie jedenfalls besser aufgenommen.

Ich gab mir aber die größte Mühe, sie so anschaulich wie
möglich darzubieten, und Fritzken war mit Leib und
Seele dabei. Er prustete ordentlich mit, als Zachäus eilig
den andern voraus zu dem Baum lief. Er kletterte mit
Händen und Füßen mit hinauf, als Zachäus hinaufstieg,
und er starrte mit aufgerissenen Augen hinab, den Heiland zu sehen.

„So mach ich es später auch", rief er am Ende der Geschichte triumphierend in die Klasse.

„Wie denn?" fragten die andern erstaunt.

„Nun", antwortete er frischweg, „wenn ich später zum
Herrn Jesus komme und die Großen drängeln sich vor
mich, dann klettere ich einfach auf einen Pflaumenbaum,
und dann darf ich mit ihm zu Abend essen."

„Fritzken, Fritzken", seufzte ich, „wie stellst du dir
das nur vor?"

Aber ich durfte ihm seine Freude nicht stören. Heißt
es nicht: „So ihr nicht werdet wie die Kinder"? Und
steht nicht geschrieben, daß der Herr zu den Seinen eingehen wird, das Abendmahl mit ihnen zu halten? Nein,
ich wagte nicht, Fritzkens seltsame Vorstellungen unter
die Lupe zu nehmen und richtigzustellen. Wer weiß, was

135

ich damit für Verwirrung in ihm angerichtet hätte! Gehörte er nicht zu den Kleinen, die wir auf ausdrücklichen Befehl des Herrn in ihrem Glaubensleben nicht ärgern dürfen?

Fritzken war und blieb klein. Auch in seinen nächsten Schuljahren wuchs er so wenig, daß er jedem Fremden, der in unsere Schule kam, auffiel. Wir andern waren an seine Winzigkeit gewöhnt, und er selber am allermeisten. Er machte sich wirklich keine Sorge, seiner Länge eine Elle zuzusetzen.

Einmal rief ihm ein junger Lehrer in der Turnstunde lachend zu: „Fritzken, du mußt wachsen. Du kommst ja nicht bis an die Holme des Barrens. Du kannst die Übungen nicht mitmachen."

Da blinzelte ihn Fritzken pfiffig an und antwortete vergnügt: „Die andern heben mich rauf. Dabei üben sie sich im Tragen. Und wenn ich nicht auf den Barren komme, so ist das gar nicht schlimm. Hauptsache, wenn ich auf den Pflaumenbaum komme."

„Nanu", staunte der Lehrer, „willst du etwa Pflaumen stibitzen?"

Da schüttelte Fritzken würdevoll den Kopf. „Das verstehen Sie nicht", sagte er sehr ernst, und da es eben „unser Fritzken" war, wagte der junge Lehrer gar nicht, ihn wegen dieser stolzen Antwort zu rügen. Er staunte nur hinter dem Knirps her, den die andern mit Hallihallo an die Reckstange hoben.

Wir waren beinahe traurig, als Fritzken mit vierzehn Jahren unsere Schule verließ. Bis in die Oberklasse war er unser aller Liebling gewesen. „Unser Prachtstück" hatte einer der Lehrer einmal gescherzt, als er mit seinem vergnügten Grinsen an uns vorüberhuschte.

Bald war er auch der Liebling in der Fabrik, in der er lernte. Zu schwerer Arbeit war er natürlich nicht geschaffen. Aber mit seinen geschickten Fingerchen war er im Montiersaal gut zu gebrauchen. Der Meister bastelte ihm selbst einen Sitz, von dem aus er bequem an seinem großen Tisch hantieren konnte. Noch mehr Freude als mit seiner Arbeit bereitete er aber allen durch die Unterhaltung, die er ihnen bot, durch die Lieder, die er ihnen mit seiner hellen Stimme sang, durch seine gefälligen, flinken Hilfeleistungen, durch sein eifriges Dahinhuschen, wenn er zu irgendwelchen Besorgungen geschickt wurde. Nie zeigte er sich dabei müde, mürrisch, widerwillig. Immer war er strahlend vergnügt. Im Grunde erfreute er erst gar nicht durch das, „was er ausführte“, sondern ganz einfach schon dadurch, daß er da war. Ein kleines, winziges, im Wachstum zurückgebliebenes, armseliges Menschenkind war ein heller Sonnenschein für eine eintönig graue Umwelt.

„Es ist wirklich anders bei uns, seit das Fritzken in unserem Betrieb ist“, erzählte mir eines Tages ein alter Arbeiter. „Wenn er so an uns vorbeischlüpft, dann wird auch das mißmutigste Gesicht hell. Sogar unser brummiger Meister schmunzelt in seinen Bart. Und wenn er einen so anguckt, dann bleibt dem schlimmsten Krakeelbruder der Fluch im Halse stecken. Wenn Fritzken in der Nähe ist, wagt keiner einen unanständigen Witz zu erzählen. Und denken Sie, der Emil, dieser Flegel, hat dem Fritzken sogar von seiner Urlaubsfahrt eine Lederhose mitgebracht. Sie müssen mal sehen, wie das Fritzken darin aussieht. Da bleibt kein Auge trocken. Was haben wir einen Spaß an dem **Kleinen!**“

Und doch wäre es verfehlt, Fritzken als Spaßmacher, als Clown zu werten. Ein Sonnenstrahl, ein Freudenspender war er, ein Beweis für das Wort: „Was töricht ist vor der Welt, das hat Gott erwählt . . . und was schwach ist vor der Welt, das hat Gott erwählt . . . und das da nichts ist . . .“

Ein Nichts war Fritzken und doch vielen Menschen etwas und vor Gott gewiß mehr als viele von uns Großen.

Und was ist aus Fritzken geworden?

Als er etwa zwei Jahre aus der Schule entlassen war, brach der zweite Weltkrieg aus. Es war natürlich ein Unding, sich Fritzken als Soldat vorzustellen. Er blieb in der Fabrik, ein Sonnenstrahl in der dunklen Zeit, dem sogar die verbitterten Fremdarbeiter wohlwollende Blicke zuwarfen, indes er sie freundlich anlächelte.

Dann aber, kurz vor dem Zusammenbruch, als Alte und Kinder unter die Waffen gerufen wurden, hat man zu unser aller Entsetzen auch Fritzken eingezogen. Zu irgendeiner Kampfhandlung taugte er natürlich nicht. Er wurde als Helfer in einem Lazarett verwandt.

Auch hier ist er manchem ein Sonnenstrahl gewesen.

Ich lasse einen Auszug aus einem Brief folgen, den ein Kamerad an Fritzkens Mutter geschrieben hat: „Seine schwachen Kräfte waren den Strapazen, den Anforderungen, die hier Tag und Nacht gestellt werden, nicht gewachsen. Er wurde, wenn möglich, noch schmaler, noch winziger. Aber er war unermüdlich tätig, für manchen Verwundeten ein Freudenbringer, ein wahrer Segensträger. Manches Sterbenden harte Hand hat er in seiner kleinen Hand gehalten, mit manchem ein Gebet gesprochen. Er war nicht krank, ehe er von uns schied. ‚Ich bin sehr müde‘, sagte er am Abend mit einer kleinen Kinderstimme zu mir, und ich erschrak, wie elend und gebrechlich er aussah. Als er meinen forschenden Blick gewahr wurde, schlug er die Augen noch einmal groß auf, lachte mich an und sagte: ‚Ich bin nur sehr müde.‘ Und dann lachte er noch strahlender, das ganze Gesicht leuchtete, und er fügte hinzu und blinzelte mich geheimnisvoll an: ‚Und jetzt steige ich auf den Pflaumenbaum.‘

Was er damit sagen wollte, weiß ich nicht. Es waren seine letzten Worte."

Aber ich weiß, was du damit sagen wolltest, Fritzken. Nun siehst du Ihn besser als wir.

# MAGDALENE

„Sie wird es nicht leicht haben!"

Ich schaute die junge Frau, die vor mir an der Klassentür stand, erstaunt an. Dann blickte ich in meine Klasse hinein und zu dem neunjährigen Mädchen hin, von dem die Rede war. Es saß am Fenster in der hintersten Reihe, denn es war größer als die andern Kinder. Schmal und hochaufgeschossen wie die Mutter, die sich hier mit mir unterhielt, war Magdalene. Sehr schlicht angezogen wie die Mutter war sie auch, und ebenso unmodern trug sie das leicht gelockte, goldbraune Haar, das bei der Mutter in einen schweren Knoten geschlungen, bei Magdalene in zwei Zöpfe geflochten war.

Das Mädchen hatte den Kopf gehoben und sah zu uns herüber. Sein schmales, blasses Gesicht war in diesem Augenblick leicht gerötet, entweder weil es so eifrig seine schönen, klaren Buchstaben in ein sauberes Heft malte, oder weil es gespürt hatte, daß wir von ihm sprachen. Seine braunen Augen beobachteten uns mit dem aufgeweckten Ausdruck, der ihnen eigen war.

Ich wandte mich wieder zu der Mutter hin und lächelte.

„Sie irren", widersprach ich. „Magdalene ist ein sehr begabtes Kind, eine meiner besten Schülerinnen. Sie wird es durchaus nicht schwer haben. Sie wird bestimmt auch weiterhin gut vorwärtskommen bei ihrem Fleiß und ihrer ungewöhnlichen, fast unkindlichen Gewissenhaftigkeit."

Die Mutter seufzte. Auch sie lächelte jetzt. Aber es war ein wehmütiges Lächeln.

„Gerade diese Gewissenhaftigkeit", sagte sie, „die Sie selber als unkindlich bezeichnen, wird es Magdalene schwermachen. Sie wird niemals — weder aus Höflichkeit noch aus Zuneigung — Zugeständnisse machen. Wenn sie auch sonst noch so fügsam ist, sie wird doch nie nachgeben, den Kopf vor einer Unwahrhaftigkeit beugen,

139

wo sie von der Wahrheit überzeugt ist. Sie wird sich von den verlockendsten Angeboten nicht zu einem angenehmen Weg überreden lassen, wenn sie einen steinigen, dornigen Pfad als den rechten erkannt hat."

„Ist es nicht wundervoll, ja wirklich ein Wunder, daß es noch solche Menschen, solche Kinder gibt?" warf ich ein. „Ich ahnte bisher gar nicht, daß noch solche unbedingte Wahrhaftigkeit anzutreffen ist."

„Aber Sie ahnten, wie schwer es ist, so zu leben", entgegnete die junge Frau. „Sonst wäre die Wahrhaftigkeit vielleicht nicht solch eine Seltenheit. Man eckt damit an, wird als stur, starrköpfig, hochmütig verschrien, wird mißverstanden."

Ich schaute die Sprecherin forschend an.

„Nein", erwiderte sie rasch auf meinen fragenden Blick, „ich rede nicht von mir selbst. Aber ich erlebe es täglich mit, kann es zu meinem großen Bedauern nicht ändern, daß man meinen Mann so falsch beurteilt, daß man ihn als kaltherzigen, eingebildeten Juristen bezeichnet. Gewiß, unsere Familie ist anders als die große Menge. Wir sehen die Werte des Lebens nicht in Äußerlichkeiten. Aber meine Älteste ist erst recht anders als die andern. Sie ist so ganz Vaters Tochter, und darum wird auch sie oft mißverstanden werden, mißverstanden sogar von denen, die sie lieben und die sie liebt."

„Wenn aber diese Wahrheitsliebe sie in die Nachfolge dessen führt, der selber der Weg, die Wahrheit und das Leben ist?" fragte ich leise.

Und zugleich war es mir, als hörte ich fern, wie aus unirdischen Höhen das Lied aus dem „Evangelimann" zu mir herniedertauen: „Selig sind, die Verfolgung leiden um der Gerechtigkeit willen, denn ihrer ist das Himmelreich." Wird auch Magdalene diese Verheißung gelten? Würde ihrer das Himmelreich sein?

Sie wird es nicht leicht haben. Sie wird mißverstanden werden. Diese Voraussage ihrer Mutter schien in Erfüllung zu gehen.

Ich beobachtete sie nach dieser Unterhaltung an der Klassentür schärfer. Bei fünfundvierzig und mehr Kindern kann die Lehrerin nicht auf die Eigenart eines jeden einzelnen eingehen. Ich war bisher der Ansicht gewesen, daß ich mich Magdalenes nicht besonders anzunehmen brauchte. Sie lernte leicht, schien ein vorbildliches Elternhaus zu haben. Sie war artig, zu still beinahe. Wenn sie aufgerufen wurde, kamen die Antworten nicht laut, aber rasch und in solch tadellosem Deutsch, daß man merkte, daß sich hochgebildete Erwachsene täglich mit ihr unterhielten.

So war kein Grund vorhanden, daß ich mich um Magdalene außer im allgemeinen Unterricht kümmerte. Da hatten andere Kinder, Sorgenkinder, meine besondere Aufmerksamkeit nötiger.

Jetzt aber richtete ich mein Augenmerk auch auf diese Musterschülerin Magdalene. Da stellte ich zuerst einmal fest, daß sie in den Pausen selten oder nie mit ihren Mitschülerinnen spielte. Sie stand abseits und schaute zu. Sie tat das nicht scheu, nicht betrübt, sondern in einer gelassenen Sicherheit.

Nachdem ich das mehrmals beobachtet hatte, trat ich eines Morgens, als ich die Aufsicht auf dem Schulhof führte, auf Magdalene zu.

„Warum spielst du nicht mit den andern?" fragte ich sie.

Die Röte stieg ihr rasch in das blasse Gesicht, wie es ihre Art war. Und ebenso rasch antwortete sie leise, aber fest: „Es macht mir keinen Spaß. Sehen Sie denn nicht, wie Marlies, Edelgard und Ute mogeln? Sie haben sich verabredet und schieben sich immer gegenseitig den Plumpsack zu. So mag ich nicht spielen, und sie mögen mich auch gar nicht gern dabei haben. Vielleicht weil ich so etwas eher merke als die andern. Aber sie mögen mich auch sowieso nicht."

So stand sie also schon abseits. Würde sie ihr Leben lang abseits der andern stehen? Würde sie dadurch freudlos, verbittert werden? Oder würde sie auch in diesem Alleinsein nicht vereinsamt sein? Würde sie die Menschen, den Menschen geschenkt bekommen, der mit ihr diese selbstgewählte Einsamkeit teilte? Ich hatte erfahren, daß Magdalene auch in ihrem Elternhaus in diesem Sinne beeinflußt wurde, daß ihr Vater, obwohl er im öffentlichen Leben stand, die Zurückgezogenheit gewählt hatte. Vor kurzem sollte er noch in einer Unterhaltung über kleinliche Zwistigkeiten in unserem Ort geäußert haben, sein Wahlspruch sei das Goethewort: „Selig, wer sich vor der Welt ohne Haß verschließt!"

Ist dieser Standpunkt aber der rechte für uns Christen? Hat unser Herr nicht seinen himmlischen Vater für seine Jünger gebeten: „Nicht, daß du sie von der Welt nehmest, sondern daß du sie bewahrest vor dem Übel"? Hatte er nicht befohlen: „Gehet hin in alle Welt und lehret alle Völker?" Ein so begabter, ernster und aufrichtiger Mensch wie Magdalene konnte wohl ein auserwähltes Rüstzeug werden, andere zu lehren. Aber wie konnte sie das je, wenn sie sich schon als Kind absonderte?

Solche Gedanken bewegten mich mehr und mehr, je länger ich Magdalene insgeheim beobachtete. Und immer mehr fühlte ich mich gedrängt, mich einzuschalten, wenn ich mir auch sagte, daß der Einfluß des Elternhauses weit stärker sei als der meine. Doch für die Schulzeit trug ich die Verantwortung.

Die letzte Schulstunde der Woche ist immer unsere „schöne Stunde" und unsere „Sprechstunde". Im allgemeinen bin ich dabei nur Zuhörer. Ich darf mich in eine Ecke zurückziehen, mich behaglich auf meinen Stuhl zurücklehnen und „faulenzen", wie mir Kurt einmal gönnerhaft vorgeschlagen hat. Nun, ich bin bei dieser Untätigkeit doch immer recht tätig. Ich notiere mir heimlich und nur in Gedanken so mancherlei, was mir auffällt, wenn da von meiner Schar nach eigener Wahl und eigenem Ermessen gesungen, vorgetragen, erzählt und dann und wann auch einmal angeklagt wird.

In einer dieser Stunden meldete ich mich zum Erstaunen meiner Schüler zu Wort. Als Anklägerin trat ich sogar

142

auf. Da ich aber ruhig sitzen blieb und meine Anfrage in gemütlichem Plauderton vorbrachte, wirkte diese Anklage eher als vertrauliche Erkundigung.

„Sagt mal", begann ich, „ich denke doch, wir sind alle miteinander eine Familie, eine Klassenfamilie, in der alle einander liebhaben."

„Ja natürlich!" hieß es von allen Seiten. Verwundert schauten mich mehr als vierzig Augenpaare an. In allen stand die Frage: Wohinaus will sie denn eigentlich?

„Warum laßt ihr denn Magdalene nicht mitspielen?" fuhr ich fort. Zuerst stutzten sie, schwiegen verblüfft.

„Sie will ja gar nicht!" rief dann Irmgard eifrig.

„Nun", wandte ich ein, „da müßt ihr sie eben an der Hand nehmen und sie auffordern: ‚Komm, mach mit!' Wahrscheinlich wartet sie nur darauf."

Magdalene schaute mit flammendrotem Kopf vor sich hin. Ich konnte mir denken, wie unangenehm ihr diese Unterhaltung war. Aber gerade weil ich ihr für die Dauer helfen wollte, konnte ich ihr aus dieser augenblicklichen Verlegenheit nicht heraushelfen.

„Also", schloß ich mit einem aufmunternden Kopfnicken, „von jetzt ab holt ihr Magdalene zum Spielen, und Magdalene spielt mit."

Ich merkte, daß man mir nicht uneingeschränkt zustimmte.

Auch Magdalene hatte in ihrer raschen Art den Kopf gehoben und mich mit ihren lebhaften Augen angeblitzt, als wollte sie im nächsten Augenblick widersprechen. Doch dann hatte sie den Nacken wieder ebenso schnell gebeugt. Sie war von ihrem Elternhaus her an unbedingten Gehorsam gewöhnt.

Ich hörte unterdrücktes Murmeln, Raunen, Flüstern. Nein, das Gespräch war noch gar nicht zu Ende. Ich wollte und mußte der Sache auf den Grund gehen, durfte keine bittere Wurzel aufkommen lassen.

„Was habt ihr zu murren?" erkundigte ich mich.

Sie schauten einander an.

„Wir haben gar nicht geknurrt", widersprach Erich.

„Uns Jungen ist das ganz wurscht", fiel Frieder ein, „wir spielen sowieso nicht mit den Mädchen."

„Gewiß", stimmte ich bei, „euch geht es wenig oder nichts an. Aber die Mädchen sollten mit der Sprache heraus! Was sind das für neue Moden? Man sagt frei heraus, was man für Beschwerden hat, und tuschelt nicht heimlich darüber."

Elli gab Lotte einen Stoß: „Nun rede doch!" flüsterte sie. Lotte stieß Edelgard verlegen an: „Sag du's!"

Magdalene tat mir nun wirklich leid. Fast bereute ich, diese Untersuchung angefangen zu haben.

„Na, wird's bald?" ermunterte ich. „Was habt ihr noch vorzubringen?"

„Magdalene ist so eklig zu uns", murmelte schließlich Ute, „sie läßt uns nie abgucken."

„Oho!" rief ich. Weiter kam ich nicht. Schon war Magdalene mit flammenden Wangen in die Höhe geschossen. Sie schaute mich herausfordernd an.

„Sie verbieten uns doch das Abgucken", redete sie hastig, atemlos. „Sie sagen, vom Abgucken lerne man nichts. Es sei keinem damit geholfen, wenn er bei anderen abschreibe. Und dann soll ich abgucken lassen!"

„Nein, nein", wehrte ich ab. „Das sollst du nicht, und Ute sollte wissen, daß das verboten ist."

Mit beleidigter Miene setzte sich die getadelte Ute auf ihren Platz. Nun aber wollte ihre Freundin Doris sie nicht im Stich lassen.

„Magdalene ist auch eine Petze", rief sie tapfer. „Neulich, als ich gefehlt hatte, da hat mir meine Mutter aufgetragen, ich solle mich damit entschuldigen, daß ich beim Arzt gewesen sei. Da ist mir Magdalene ganz rasch dazwischengefahren. Als ich noch gar nicht fertiggeredet hatte, ist sie mir über den Mund gefahren und hat gesagt: ‚Mittwochs hat kein Arzt Sprechstunde. Du bist mit deiner Mutter zum Einkaufen in die Stadt gefahren. Sag doch die Wahrheit und nicht solche Lügen!' Und dabei hatte ich doch bloß meiner Mutter gehorcht, und das muß man doch."

144

O weh! In welch ein Dornengestrüpp hatten mich die wahrhaftige Magdalene und die unwahrhaftige Mutter verstrickt! Durfte ich nun über diese Mutter den Stab brechen? Meine Weisheit war wieder einmal zu Ende.

So ordnete ich denn an: „Schluß damit! Ich will nichts mehr hören! Von jetzt ab spielt ihr alle zusammen. Ich will keines mehr abseits stehen sehen. Sonst muß ich mich schämen, solch eine Klasse zu haben."

Ob ich damit Magdalene einen Gefallen getan habe?

Ich sah sie in der nächsten Zeit widerwillig mit den anderen sich im Kreise drehen. Freude daran hatte sie bestimmt nicht. Das war ihr anzumerken. Am liebsten hätte ich ihr zugerufen: „Stell dich wieder an die Seite! Dieses gezwungene Mitspielen macht weder dir noch den andern Spaß!"

Schließlich war ich es selber, die Magdalene dazu verhalf, mein Gebot zu übertreten und sich wieder abzusondern. Ich übertrug ihr die Pflege der Klassenblumen und die Verwaltung der Schülerbücherei. Sie machte beides so gewissenhaft und sorgfältig, wie es eine Erwachsene nicht besser vermocht hätte. Infolgedessen verbrachte sie einen großen Teil der Pausen im Klassenzimmer. Sie zögerte auch, wenn nichts mehr zu erledigen war, immer noch, hinauszugehen. Ich verstand sie, forderte sie aber doch manchmal auf, endlich Schluß zu machen und frische Luft zu schöpfen. Dann verließ sie mit einem kleinen verlegenen Lächeln für einen kurzen Augenblick den Raum. Und so war sie wieder allein, abseits der andern.

Was ihre Mutter vorausgesagt hatte, war nun schon in ihrer Klassengemeinschaft eingetroffen: sie hatte es nicht leicht. Sie wurde mißverstanden.

Ich hatte in jener Zeit eine Geschichte geschrieben, in der die Kinder meiner Klasse — wie üblich mit veränderten Namen und veränderten äußeren Merkmalen — die Hauptpersonen waren. Auch von Magdalene hatte ich einiges darin geschildert. Wie von selber war es mir in die Feder geschlüpft, und umgemodelt hatte ich außer

145

ihrem Namen nichts daran. Sie stand in jenen Tagen besonders lebendig vor mir, wenn ich an meine kleine Gesellschaft dachte, und war Gegenstand meiner schärferen Beobachtung.

Und dies waren die drei Begebenheiten, von denen ich damals berichtet hatte:

Unter den Mädchen meiner Klasse war ein neues Spiel aufgekommen. Im Grunde war es ein sehr altes Spiel wie die meisten Kinderspiele. Kniffe gehörten dazu und eine beträchtliche Geschicklichkeit.

Die Hilfsmittel waren um so einfacher: ein fester Bindfaden genügte. Dieser Faden wurde über beide Hände gespannt, übereinander, ineinander geschlungen, so daß immer neue Netze entstanden. Dann hoben sich die Mädchen diese Kunstwerke gegenseitig von den Händen ab, von oben, von den Seiten. Ja, die Annerose konnte das sogar schräg von unten.

Es ist ein hübsches, ruhiges und anspruchsloses Spiel. So hatte ich zuerst geurteilt, als es in meiner Klasse in Mode kam. Nach und nach wurde ich gewahr, was für Ansprüche es stellte. Als es meine kleinen Schülerinnen noch mehr schätzten als ich, als sie es so sehr schätzten, daß sie es selbst während des Unterrichts unter der Tischplatte fortsetzten, war ich weniger davon erbaut.

Magdalene hatte in den ersten Tagen mit ihrem kleinen, halb verlegenen, halb überlegenen Lächeln zugesehen. Eines Morgens sah ich aber auch in ihren Händen einen Strick, mit dem sie hin und her schob, Netz um Netz wirkte.

Eine Woche darauf übertrumpfte sie sogar die anderen Mädchen, nicht in Eifer und Geschicklichkeit, wie ich es sonst bei ihr gewohnt war, aber in äußerer Pracht, wie ich es sonst bei ihr nicht gewohnt war.

In ihren Händen spannte und bewegte sich nicht mehr die bescheidene graue Packschnur, sondern eine blitzende goldene Kordel.

Auch die anderen Mädchen konnten diesem Prachtstück ihre Bewunderung nicht versagen.

„Von meiner Großmutter", erklärte Magdalene errötend.

Ihr Eifer in der Ausübung dieser Kunst war bei der Handhabung eines Goldfadens natürlich beträchtlich gewachsen. Ein goldenes Netz macht wohl auch einen ganz anderen Eindruck als ein graues hanfenes.

Ich sah sie in der Pause in einem Winkel des Schulhofs stehen und sich schier verbissen mit ihrer Goldkordel beschäftigen. Als ich nach der Pause in die Klasse trat, waren sämtliche Mädchen mit weltentrückter Miene in das neue Spiel vertieft. Wenn sie doch der folgenden Rechtschreibestunde auch solch hingebungsvolles Interesse zugewandt hätten!

Aber ich mußte sogar zweimal mahnen, die Spielfäden fortzuräumen, und kaum war endlich Ruhe in die Klasse eingekehrt, da hörte ich Annerose leise etwas zur andern Seite hinüberrufen.

Ich wurde ärgerlich. Ich ließ Annerose vortreten.

„Schon wieder hast du den Unterricht gestört", schalt ich. „Was hattest du denn Wichtiges mitzuteilen?"

„Du mußt von links abheben", druckste Annerose heraus.

„‚Du mußt von links abheben'?" wiederholte ich verständnislos. „Was soll denn das heißen?"

Im gleichen Augenblick stand, nein sprang Magdalene an ihrem Platz rechts hinten in der Ecke auf, kam zu mir nach vorne gelaufen. In ihrer Hand blitzte etwas Goldenes.

„Ich bin schuld", sagte sie sehr rasch und leise, „Annerose hat mir zugerufen, wie ich mein Netz abheben solle. Ich habe wieder gespielt. Hier mit der goldenen Kordel! Ich wollte nicht, aber dann holte ich sie doch wieder hervor. Aber jetzt will ich sie nicht mehr! Ich werfe sie in die Kiste für die Bethel-Kinder."

Und mit einem Schwung schleuderte sie die flimmernde Leine in die Ecke, wo die Kiste stand, in der wir alles mögliche — Kleidungsstücke, Schuhe, Bücher, Spielsachen — für die Anstalt Bethel sammelten.

„Oh, die schöne goldene Schnur!" klang es mehr oder weniger unterdrückt aus den Reihen meiner Mädchen.

„Du kannst sie doch zu Hause lassen und nachmittags damit spielen", schlug die kleine Nette bedauernd vor.

Auch mir tat es leid, weniger um den wertlosen Goldfaden, an dem Bethel auch keinen Gewinn hatte, als um Magdalene, die in ihrem spartanisch einfachen Elternhaus nicht mit Spielwerk verwöhnt war.

„Behalte deinen Goldfaden ruhig!" stimmte ich darum bei. „Du darfst nach der Schule deine Freude daran haben."

„Nein", entgegnete Magdalene kurz und ging, ohne sich noch einmal umzusehen, auf ihren Platz zurück.

Die andern Kinder schauten mich antwortheischend an. Ich gab ihnen keinen Bescheid. Ich staunte nicht weniger als sie. Ich fragte mich: Wußte, ahnte dieses Kind schon etwas von dem Sinn des Bibelwortes, daß wir ein Glied ausreißen, abhauen sollen, wenn es uns den Weg ins Himmelreich versperrt?

An einem naßkalten Vorfrühlingstag klopfte es an unserer Klassentür.

„Oh, die Polizei!" rief Jochen begeistert und ängstlich zugleich, als er nach meinem Öffnen eine blaue Uniform erspähte. Begeistert war der Ausruf, weil sich Jochen von diesem Besuch eine aufregende Abwechslung in der langweiligen und anstrengenden Rechenstunde versprach. Ängstlich war er, weil unser Jochen sein Konto, was Sitzen zu zweit auf einem Fahrrad, Anhängen an Wagen und dergleichen Delikte betraf, nicht unbeschrieben wußte. Aber weder er noch ein anderer kleiner Übeltäter wurde geholt, sondern alle wurden wir herausgerufen, ohne daß wir irgend etwas verbrochen hatten.

Was war geschehen? Am Waldhang der Schule gegenüber war ein Blindgänger entdeckt worden, eine Bombe, die bei dem einzigen Fliegerangriff, der unseren Ort betroffen hatte, sich dort eingegraben und jahrelang unbemerkt geschlafen hatte.

Jetzt sollte sie entschärft werden, und unsere Schule mußte der Gefahr wegen so schnell wie möglich geräumt werden.

Klasse um Klasse wanderte nach allen Richtungen davon. Ich stieg mit meiner Schar bergauf zum Sportplatz. Dort oben standen sie unter einem rauhen Märzwind dicht aneinandergedrängt wie eine Schafherde, als wollte sich eines am andern wärmen. Gespannt blickten wir alle talabwärts, wo gerade an der gefährlichen Stelle zwei Wagen vorgefahren und einige Männer ausgestiegen waren.

„Au, jetzt geht es los! Gleich bumst es!" rief der zappelige Uli und hüpfte in die Höhe wie ein Gummiball.

Ja, in den nächsten Minuten würde es sich entscheiden, ob alles glatt verlaufen und kein Unglück geschehen würde.

Doch — was war das? Ich schreckte zusammen. Die Kinder standen nicht mehr zitternd, frierend, dichtgedrängt beisammen. Sie rannten den steilen Weg hinab, schneller, immer schneller. Was war in sie gefahren? Folgten sie sinnlos wie eine Schafherde einem toll gewordenen Leithammel?

Sie liefen, ohne anzuhalten, geradewegs in die Gefahrenzone hinein, vor der sie bewahrt werden sollten. Und ich hatte die Verantwortung!

„Halt! Halt!" rief ich, schrie ich. „Halt! Halt"

Aber wer hörte das schon in dem allgemeinen lärmenden Hinabrasen!

Ich wollte ihnen helfen, stolperte vor Aufregung. Nicht ein einziges Kind konnte ich einholen!

Wie sie lachten, schrien, trappten!

„Gott sei Dank!" seufzte ich da aus Herzenstiefe: der große, bedächtige Peter hatte mich gehört. Er wandte sich um.

„Peter! Peter!" schrie ich. „Laufe, so schnell du kannst! Halte sie auf! Sie sollen stehenbleiben! Stehenbleiben! Stehenbleiben!"

Peter hatte mich verstanden. „Gott sei Dank!" stieg noch ein Seufzer gen Himmel.

Der große Junge raste wie der Blitz über Stock und Stein. Er setzte wohl seine Ehre darein, mir in meiner offensichtlichen Verzweiflung zu helfen. Er hielt hier und da eins der Kinder fest, brüllte ihm etwas in die Ohren, rüttelte sie, schüttelte sie, packte sie an Mänteln und Pullovern. Nun hatte er sie überholt, stellte sich mit ausgebreiteten Armen in den Weg. Jochen half ihm, zerrte die Widerspenstigen zurück.

Und „Gott sei Dank!" seufzte ich zum drittenmal: sie standen.

Keuchend holte ich sie ein. Kaum konnte ich den Befehl hervorbringen: „Sofort zurück! So schnell wie möglich!"

Selten bin ich so ärgerlich, so aufgeregt gewesen.

„Wer hat euch befohlen, hinunterzulaufen, geradewegs in die Bombe hinein?" schalt ich, als sie wieder dicht aneinandergedrängt — diesmal wie erschreckte Schafe in einem Gewitter — vor mir standen.

Zweimal mußte ich die Frage wiederholen. Ich fühlte, wie mein Gesicht flammte. Die sonst so kecke Schar duckte sich vor mir wie unter einem Hagelwetter. Würde sich da ein Übeltäter zu melden wagen?

Da wurde ich sacht am Ärmel gezupft. Ich wandte mich um. Magdalene stand vor mir. Sie schaute zu mir auf. Ihre Wangen brannten wie die meinen. Aber ihre Augen waren groß zu mir aufgeschlagen.

„Ich habe es gesagt", erklärte sie rasch und leise wie immer. „Ich weiß nicht warum. Es war so kalt und windig hier oben. Da sagte ich zu Helga oder Ute, ich weiß nicht mehr zu wem: ‚Wir können sicher wieder hinuntergehen!'"

Ich blickte zu ihr hinab in ihre großen Augen, die den meinen standhielten.

„So strafen Sie mich doch!" drängte sie.

„Wir sprechen nachher in der Klasse noch darüber", erwiderte ich matt und wußte nicht, was ich jetzt oder später darüber reden und wie ich strafen sollte. Ob ich mich als kleines Mädchen einer aufgeregten Lehrerin als Missetäterin gemeldet und meine Strafe verlangt hätte?

Die dritte Begebenheit trug sich nicht lange danach zu. Eines Morgens herrschte große Aufregung in unserer Klasse. Der kleine, schmale Jürgen hatte ein Fünfzigpfennigstück verloren. Tränenüberströmt starrte er auf den Groschen, der einsam vor ihm auf der Tischplatte lag. Sechzig Pfennig mußten sie jede Woche für ihr Milchfrühstück mitbringen. Fünfzig von seinen sechzig Pfennigen waren verschwunden.

Ein allgemeines Suchen unter den Tischen und Stühlen, auf dem Fußboden hob an. Ich mußte Einhalt gebieten, sonst wäre eines dem anderen auf die Füße getreten, und vor lauter Suchenden hätte man das Gesuchte nicht entdecken können. Es schien überhaupt endgültig verschwunden. Vielleicht war es dem Jürgen unterwegs aus der Hosentasche geschlüpft.

Als sich die eifrigen Helfer auf mein Geheiß zögernd aufrichteten, ertönte plötzlich ein schriller Schrei.

„Oh, die fünfzig Pfennig! Sie sind wieder da!" quiekte Lilo, Jürgens Nachbarin, „da liegen sie neben dem Groschen!"

Nanu, waren sie denn dahin geflogen? Wir starrten alle verblüfft auf die Tischplatte.

„Magdalene hat das Fünfzigpfennigstück hingelegt", verkündete Nette.

„Hast du es gefunden?" fragte ich.

„Nein", erwiderte Magdalene knapp und schaute vor sich auf ihre Tischplatte.

„Sie hat ja gar nicht mitgesucht", fiel Edelgard ein.

„Hattest du es fortgenommen, um einen dummen Scherz zu machen?" erkundigte ich mich weiter und wußte sogleich, daß so etwas bei Magdalene ausgeschlossen war. Aber woher hatte sie das Geld? Ich kannte ihr Elternhaus genug. Dort bekam sie bestimmt kein Geld zum Verschenken ausgehändigt.

Die kleine Nette mischte sich wieder ein: Das ist gar

nicht Jürgens Fünfziger", rief sie, „Magdalene hat ihn von ihrer Großmutter bekommen, als sie sie heute früh an die Bahn gebracht hat. Ich hab es gesehen."

„Stimmt das, Magdalene?" fragte ich.

Sie nickte, kniff die Lippen zusammen, als wollte sie damit andeuten, daß sie keine weitere Auskunft zu geben gewillt sei.

Ich drang nicht mehr weiter in sie, aber in der nächsten Pause, als sie die Blumen begoß und mit mir allein im Klassenzimmer war, winkte ich sie zu mir.

„Sag mal, Magdalene", wandte ich mich an sie, „hast du den Jürgen so lieb, daß du ihm dein Geld gegeben hast?"

Sie schaute mich erstaunt an.

„So lieb? Nein", antwortete sie, „ich mußte das einfach." —

Ich wurde in den vier Jahren, in denen Magdalene meine Schülerin war, nicht recht klug aus ihr.

Als sie dann in die höhere Schule des Nachbarortes fuhr, kam sie mir aus den Augen. Nein, aus den Augen kam sie mir eigentlich nicht. Ich sah sie fast jeden Morgen, wenn sie an der Haltestelle nahe bei unserem Haus auf den Bus wartete.

Auch hier stand sie abseits der anderen Schülerinnen, von denen sie nicht nur durch ihre schlichte Kleidung, sondern auch durch ihr stilles Benehmen abstach.

Die andern lachten, schwatzten und legten gar keinen Wert darauf, in den planmäßigen Bus zu steigen. Ich beobachtete immer wieder, wie sie sich einen Spaß und Sport daraus machten, wer den elegantesten Personenwagen als Anhalter erwischte und darin winkend abfuhr.

Manchmal erschrak ich wirklich, wenn sie lachend eine lange Kette über die Straße bildeten und damit die Wagen anhielten.

Ein paarmal hatte ich schon die Mütter dieser jungen Dämchen auf den gefährlichen Unfug aufmerksam ge-

152

macht. Aber Dank für meine Warnung hatte ich nicht geerntet. Im Gegenteil! Gewiß war ich jetzt, wie einst Magdalene, als „Petze" verschrien. Einige der Mütter grüßten mich danach nur noch sehr kühl, und einige meiner ehemaligen Schülerinnen mit hochgerecktem Näschen überhaupt nicht mehr.

Eine der Mütter ging sogleich in Verteidigungsstellung.

„Auf unsern armen Kindern wird herumgehackt", klagte sie wortreich und weitschweifig. „Bloß weil sie harmlos fröhlich sind und sich modern und schick kleiden, sollen sie nichts taugen. Aber diese Magdalene, dieser Sauertopf, mit ihrer unmöglichen Kleidung, die ist ein Engel. Ich begreife überhaupt nicht, daß die Mutter das Mädel in einem derartigen Aufzug ins Lyzeum schickt. Mit hohen Schuhen, Lodenmantel!"

„Das ist in unserer rauhen Gegend in der schlechten Jahreszeit doch das Richtige", gab ich zurück. „Ich war früher auch so angezogen."

„Ja, Sie in der guten alten Zeit", warf die Mutter spöttisch ein. „Und wenn diese Familie wirklich nichts auf das Äußere gibt, so sollte sie sich mal um das Inwendige ihrer Tochter kümmern. So einen schlechten Charakter hat meine Bettina nicht."

Einen schlechten Charakter sollte Magdalene haben! Ich staunte ungläubig.

„Ja, ja", versicherte die aufgebrachte Dame. „Ein elender Streber ist sie. Und wenn sie morgens bis oben hin vorbereitet und mit erstklassigen Arbeiten in der Schule ankommt, meinen Sie, dann ließe sie die andern abschreiben? Sie denkt nicht daran. ‚Lernt selbst! Ihr müßt selber arbeiten!' So sagt sie dann von oben herunter. So eine ist das. Aber sie hat auch keine einzige Freundin!"

Arme Magdalene! Keine einzige Freundin! Die Voraussage der Mutter hatte sich schon erfüllt! Sie hatte es schwer im Leben.

Aber ob sie nicht auch selber schuld daran war? Ob sie wirklich ein „Streber" war, nur an das eigene Fort-

153

kommen dachte? Ob sie nur nach der Wahrheit trachtete und dabei die Liebe vergaß?

Ich beschäftigte mich in den folgenden Tagen in Gedanken wieder mehr mit Magdalene. Ich wußte es sogar einzurichten, daß ich sie an einem Nachmittag, als sie aus dem Bus stieg, traf und sie auf ihrem Heimweg begleitete.

„Gefällt es dir im Lyzeum?" fragte ich.

„O ja", erwiderte sie gedehnt, „man kann eine Menge lernen, die Lehrerinnen sind sehr tüchtig und sehr nett."

„Und die Schülerinnen?" erkundigte ich mich weiter.

Sie zuckte die Achseln, lächelte.

„Sie sind natürlich weniger tüchtig."

„Und weniger nett", fuhr ich fort.

„Oh, das will ich nicht behaupten", entgegnete sie. „Sie können auch recht nett sein. Aber sie mögen mich nicht."

„Magst du sie denn?" fragte ich ernst.

Sie schaute mich groß an, zögerte.

„Nein", erwiderte sie dann knapp.

„O Magdalene", sagte ich mit aufrichtigem Bedauern, „hast du nie in der Heiligen Schrift das Hohelied der Liebe gelesen, 1. Korinther 13? ‚Und wenn ich mit Menschen- und mit Engelzungen redete und hätte der Liebe nicht, so wäre ich ein tönend Erz oder eine klingende Schelle.' Lies es dir einmal zu Hause ganz durch! Versprich es mir! Und laß es recht in dein Herz dringen!"

Sie verabschiedete sich nachdenklich. Ich war überzeugt, daß sie in ihrer gewissenhaften Art über meine Worte und vor allem über die Worte der Heiligen Schrift nachdenken würde. Ob sie ihr helfen würden?

Fast schien es schon in den nächsten Tagen, als wenn mich meine Hoffnung betrogen hätte. Die streitbare Mutter, die mir erst vor kurzem so leidenschaftlich die Meinung gesagt hatte, traf mich auf der Straße. Kaum hatte sie mich begrüßt, da legte sie schon los: „Nun zeigt sich das Musterkind Magdalene auch einmal von einer andern Seite. Nun wurde die Frau Mama des Tugendengels auch einmal in die Schule bestellt. Denken Sie, was das überspannte Fräulein plötzlich für Einfälle hatte! Diese alberne Ziege meldete sich einfach nicht mehr, sturweg hob sie den Finger nicht mehr, obwohl es doch ganz klar war, daß sie jede Antwort wußte. Warum? Ob sie etwa ihre hiesigen Klassenschwestern so liebt, daß sie sich nicht von ihnen trennen, mit ihnen sitzenbleiben wollte? Sie wissen doch, daß Edelgard und unsere arme Bettina nicht versetzt werden? Übrigens eine schreiende Ungerechtigkeit! Sie können es doch auch bezeugen, was für ein begabtes Mädchen unsere Bettina ist! Ja, ja, und was nun diese Magdalene betrifft, hören Sie nur, was sie für einen Grund angegeben hat! Natürlich nicht die Liebe zu unsern Kindern. Das war natürlich nur ein Scherz von mir. Nein, sie hat sich nicht mehr gemeldet, weil sie nicht mehr ,Streber' gescholten werden wollte. Ist ja lächerlich, so ein Getue! Damit wollte sie doch nur die andern Mädchen verpetzen. Finden Sie nicht auch?"

Nein, ich fand es nicht. Ich gab überhaupt keine Antwort. Ich beeilte mich, von der redseligen Frau loszukommen. Ich nahm mir vor, so bald wie möglich mit Magdalene zu sprechen. Hatte sie mich mißverstanden? Hatte ich sie — ohne meine Absicht — auf eine falsche Bahn verwiesen? Das mußte ich unbedingt klären, schon am nächsten Tag.

Ich kam nicht mehr dazu.

Als ich am Morgen darauf am Frühstückstisch saß, wurde ich durch einen ohrenbetäubenden Lärm aufgeschreckt. Krachen, Splittern, Bremsenkreischen, Schreien!

Ich lief ans Fenster, schaute hinaus, sah nur ein Tohuwabohu.

Der Lichtmast lag quer vor unserem Eingang. Das war das erste, was ich feststellte. Und dann: die Blumen, die roten Tonscherben, die Glasscherben im Graben! Die beiden ineinandergefahrenen Wagen! Die Menschen, die dabeistanden, hinzueilten! Und von dem fürchterlichen Lärm übriggeblieben: das gräßliche, gelle Ineinanderschreien!

155

Was sich ereignet hatte, erfuhr ich erst später, nach und nach.

Wieder hatten die übermütigen jungen Mädchen eine Kette über die Straße gebildet, um einen eleganten Mercedes abzufangen. Dabei hatten sie den von der Gegenseite kommenden Gärtnerei-Kombiwagen nicht bemerkt. Wie das Unglück nun geschehen war, konnte kaum festgestellt werden. Der Kombiwagen hatte im letzten Augenblick ausweichen wollen, war gegen den Lichtmast geprallt, die Blumentöpfe waren herausgeflogen. Der Fahrer war am Steuer eingeklemmt und schwer am Bein verletzt worden. Seine Beifahrerin war mit den Blumentöpfen in den Graben geschleudert worden. Die schreienden Mädchen jedoch waren mit dem Schrecken davongekommen.

Bis auf eine — bis auf Magdalene. Sie war hinzugesprungen, hatte Bettina zurückgerissen, war selber dabei von dem Personenwagen erfaßt worden.

Sie lag mit geschlossenen Augen auf der Fahrbahn.

Aber sie war wunderbar behütet worden. Außer unwesentlichen Prellungen und Schürfungen hatte sie nur eine leichte Gehirnerschütterung davongetragen.

Einige Zeit liegen mußte sie nun. Ich besuchte sie an einem klaren Vorfrühlingstag. Ich war froh und dankbar, daß Magdalene in keiner Lebensgefahr war.

„Nur ein bißchen beduselt bin ich noch", gestand sie mit ihrem leichten Erröten. „Aber ich bin gar nicht traurig, daß ich so still liegen muß. Da kann ich nachdenken, auch" — sie lächelte verschämt — „auch über das Hohelied der Liebe. Ich will keine klingende Schelle werden."

„Das bist du doch auch nicht", versicherte ich. „Haben dir deine Klassenschwestern nicht mit diesem Riesenstrauß für deine Liebe gedankt? Hat die Frau Direktorin nicht sogar geschrieben: ‚Niemand hat größere Liebe denn die, daß er sein Leben läßt für seine Freunde'? Du warst doch bereit, dein Leben für deine Mitschülerinnen zu opfern."

Magdalene errötete noch heißer.

„Aber gar nicht aus Liebe", flüsterte sie, „nur weil ich einfach mußte. Aber von jetzt ab will ich versuchen, sie zu lieben."

„Willst du Bettina die Aufgaben abschreiben lassen?" scherzte ich.

Sie lächelte zurück.

„Das wäre nicht die rechte Liebe", entgegnete sie, „ich will ihr vorschlagen, mit ihr zu arbeiten und ihr bei ihren Aufgaben zu helfen."

Sie richtete sich in den Kissen auf.

„Ich habe mir vorgenommen, von jetzt ab liebzuhaben", sagte sie leise, „aber ich glaube, das ist noch schwerer, als immer wahr zu sein."

„Ja", stimmte ich bei. „Aber wer in der Liebe bleibt, der bleibt in Gott und Gott in ihm."

Sie wird es weiter schwer haben im Leben. Aber es wird auch ein gesegnetes Leben sein, ein Leben in Wahrheit und Liebe.

# INHALT

| | |
|---|---:|
| Mein schwarzes Schaf | 5 |
| Alles oder nichts | 15 |
| Philippchen | 27 |
| Engelke und das Musterkind | 37 |
| Der Sieger | 61 |
| Eindringlinge | 69 |
| Das Haltezeichen | 83 |
| Die große Tat | 115 |
| Der Pflaumenbaum | 133 |
| Magdalene | 139 |

# In der TELOS-Paperbackreihe erscheinen folgende Titel

| | | |
|---|---|---|
| 1001 | Oswald Smith<br>Sieg des Gebets | 1033 | E. J. Christoffel<br>Aus der Werkstatt<br>eines Missionars |
| 1002 | Wilhelm Busch<br>Gottes Auserwählte | 1034 | Ruth Dobschiner<br>Zum Leben erwählt |
| 1003 | Douglas Hall<br>Fackel für die Welt | 1035 | G. R. Brinke<br>Jenseitiges und |

1001 Oswald Smith
Sieg des Gebets
1002 Wilhelm Busch
Gottes Auserwählte
1003 Douglas Hall
Fackel für die Welt
1004 Wilder Smith
Ist das ein Gott der
Liebe?
1005 Fritz Hubmer
Im Horizont leuchtet
der Tag
1006 Anny Wienbruch
Alle Geschichten der
fröhlichen Familie
1008 Fritz Hubmer
Weltreich und Gottes-
reich
1010 Erich Wilken
Auf den Spuren bibli-
schen Geschehens
1011 Otto Riecker
Herausforderung an
die Gemeinde
1012 Watchman Nee
Freiheit für den Geist
1013 Anny Wienbruch
Der Leibarzt des Zaren
1014 Watchman Nee
Zwölf Körbe voll, Bd. 1
1015 Fritz May
Die Drogengesellschaft
1016 Norbert Fehringer
Thema: Frömmigkeit
1017 Fritz May
Der verfälschte Jesus
1018 Ernst Modersohn
Die Frauen des Alten
Testaments
1019 Ernst Modersohn
Die Frauen des Neuen
Testaments
1021 Ruth Frey
Arbeit unter Kindern
1022 Oswald Smith
Glühende Retterliebe
1023 Oswald Smith
Ausrüstung mit Kraft
1024 Erich Schnepel
Das Werk Jesu in uns
und durch uns
1025 Immanuel Sücker
Weltraum, Mensch
und Glaube
1026 Anny Wienbruch
Im Schatten der Zaren
1027 Watchman Nee
Zwölf Körbe voll, Bd. 2
1029 Werner Krause
Freuet euch allewege
1030 Hel. Good Brenneman
Und doch nicht
vergessen
1031 Anny Wienbruch
Unter dem roten
Sonnenschirm
1032 Helmut Ludwig
Die Welt horcht auf

1033 E. J. Christoffel
Aus der Werkstatt
eines Missionars
1034 Ruth Dobschiner
Zum Leben erwählt
1035 G. R. Brinke
Jenseitiges und
Zukünftiges
1036 Elli Kühne
Da bewegte sich die
Stätte
1037 Fritz May
Tatort Erde
1038 Michael Bordeaux
Aida von Leningrad
1039 Alfred Christlieb
Ich freue mich über
dein Wort
1041 Lon Woddrum
Liebe hofft immer
alles
1042 Horst Marquardt
Die Sprache der
Gräber
1043 Werner Krause
Meine Brüder –
die Indianer
1045 Otto Riecker
Bildung und Heiliger
Geist
1046 Joyce Landorff
Seine beharrliche
Liebe
1047 Helen Manning
Die Blutzeugen
vom Sengtal
1048 Anny Wienbruch
Ein Leben für
Gustav Adolf
1049 Werner Krause
Keinen Raum in
der Herberge
1050 Georg R. Brinke
Die Symbolik
der Stiftshütte
1054 Alfred Christlieb
Ich suche, Herr,
dein Antlitz
1055 Wilfried Reuter
. . . und bis ans
Ende der Welt
1056 H. und G. Taylor
Das geistliche
Geheimnis
1057 Ulrich Affeld
Unter der Treue
Gottes
1058 John F.
u. E. Walvoord
Harmagedon, Erdöl
und die Nahostkrise

TELOS-Großdruck-Paperback
2001 Ludwig Hofacker
Unter Gottes Schild

TELOS-
Wissenschaftliche Reihe
4001 Wilder-Smith
Die Erschaffung des
Lebens
4002 Wilder-Smith
Herkunft und Zukunft
des Menschen
4003 Wilder-Smith
Gott: Sein oder
Nichtsein?
4004 Hellmuth Frey
Handkommentar zum
Buch Jesaja, Bd. 1
4005 Wilder-Smith
Ursachen und
Behandlung der
Drogenepidemie
4006 Otto Riecker
Das evangelistische
Wort
4008 Wilder-Smith
Grundlage zur
neuen Biologie

TELOS-Jugendbücher
3501 Heinz Schäfer
Die doppelte Mut-
probe
3502 Bernard Palmer
Ted und Terri und der
listige Trapper
3503 Bernard Palmer
Ted und Terri und der
verrückte Trompeter
3504 Bernard Palmer
Gefährliche Augen im
Dschungel
3505 Esther Secretan
Im shop-ville
fing es an
3506 Florence Knight
Ellens Abenteuer im
indischen Hochland
3507 Heinz Schäfer
Nebel rings
um Ursula
3508 Ellen J. MacLeod
Abenteuer am
Mount Hood
3509 Mad. Secretan
Tante Caros Erbe

TELOS-Geschenkbände
2101 Anny Wienbruch
Das Geheimnis um
Zar Alexander
2102 Johann A. Bengel
Das Neue Testament
2103 Bibelpanorama

# In der TELOS-Taschenbuchreihe erscheinen folgende Titel

2 Dale Rhoton
Die Logik des Glaubens
3 Schmidt-König
Gib acht auf diesen
hellen Schein
4 Anna Lawton
Frauen dienen Christus
5 MacDonald
Wahre Jüngerschaft
6 Ernst Modersohn
Sieghaftes Leben
7 John Meldau
Der Messias in beiden
Testamenten
8 Jörg Erb
Nichts kann uns scheiden
9 Otto Riecker
Ruf aus Indonesien
10 Anton Schulte
Es gibt einen Weg zu
Gott
12 Watchman Nee
Geistliche Realität oder
Wahnvorstellung
13 Watchman Nee
Der normale Mitarbeiter
14 Watchman Nee
Sitze, wandle, stehe
15 Baily, Faith Coxe
Auch sie wurden frei
17 Elisabeth Seiler
Berufen und geführt
18 Elisabeth Seiler
Tut seine Wunder kund
19 Elisabeth Seiler
Wunderbar sind seine
Wege
20 Wilhelm Gottwaldt
Wissenschaft contra
Bibel?
21 Wolfgang Heiner
Fragen der Jugend
22 MacDonald
Gottes Antwort auf
Fragen des Menschen
23 Hans Pförtner
Sieg über den Alltag
24 Wilhelm Steinhilber
Einer von den Siebzig
25 W. Ian Thomas
Christus in Euch
Dynamik des Lebens
26 Karl-H. Bormuth
Alte Gebote und neue
Moral
27 George Verwer
Jesus praktisch erleben
28 Klaus Vollmer
Chance und Krise des
Lebens
29 Billy Graham
Allein in der Masse
30 George Verwer
Konfrontiere Menschen
mit Christus
31 Hellmuth Frey
Zusammenschluß der
Kirchen

32 Wolfgang Heiner
Botschafter Gottes, Bd. 1
33 Wolfgang Heiner
Botschafter Gottes, Bd. 2
34 Wolfgang Heiner
Botschafter Gottes,
Band 3
35 Heinrich Jochums
Heilsgewißheit
36 Gertrud Volkmar
Vom Glücklichwerden
und Glücklichmachen
37 Liesbeth Schrader
Ein Volk, das im Finstern
saß
38 Wilhelm Steinhilber
Eine, die nie den
Mut verlor
39 Heinrich Kemner
Wir wählen die
Hoffnung
40 Wilhelm Gottwaldt
Fehler in der Bibel?
41 Alfred Lechler
Ein Arzt gibt Lebenshilfe
42 Lieselotte Breuer
Jesus — im Detail erlebt
43 Jörg Erb
Dichter und Sänger des
Kirchenliedes, Bd. 1
44 Jörg Erb
Dichter und Sänger des
Kirchenliedes, Bd. 2
45 James Adair
Fixer finden Jesus
46 J. Oswald Sanders
Geborgenheit u. Wagnis
47 Otto Riecker
Mission oder Tod
48 Heinz-Jochen Schmidt
Hilfe in Glaubensnöten
49 W. Ian Thomas
Tote können nicht
sterben
50 Michael Green
Es komme mir keiner
mit Tatsachen
52 Karl Weber
Klarer Kurs
in wirrer Zeit
53 Heinrich Kemner
Erlebtes und Erfahrenes
54 Jörg Erb
Missionsgestalten
55 Richard Kriese
Besiegte Schwermut
56 Peter Beyerhaus
Bangkok '73
57 Bill Bright
Die letzte Revolution
58 Edith Willies-Nanz
Pelicula
59 Siegfried Wild
Damit die Richtung
stimmt
60 Luise Hubmer
Der Freude Grund (I)
61 Luise Hubmer
Des Lebens Kraft (II)

63 Arno Pagel
Sehet in das Feld
64 Rolf Scheffbuch
Ökumene
contra Mission
65 Arthur Mader
Hören, Schweigen,
Helfen
66 Friedrich Hauss
Biblische
Taschenkonkordanz
67 Heinrich Kemner
Glaube in Anfechtung
68 Karl Weber
F. W. Baedeker/
Georg Müller
69 Frieda Wehle
Darum gehe hin
70 Herta-Maria
Dannenberg
Komm zu mir
nach Afrika
71 Heinrich Kemner
Prophetische
Verkündigung
72 Alfred Stückelberger
Autorität —
Ja oder Nein
73 Marie Hüsing
Anruf und Trost
74 Jörg Erb
Paul Gerhardt
75 Friedrich Kosakewitz
Mit Gottes Wort
unterwegs
76 Jean Saint-Dizier
Ich bin geheilt
79 H. Tanaka
. . . mitten unter
die Wölfe
80 Hans Edvard Wislöff
Auf sicherem Grund
81 Burkhard Krug
Erweckung im
hohen Norden
86 Karl Heim
Der geöffnete
Vorhang
91 Kurt Scherer
Zu seiner Zeit
92 Friedrich Hauß
Biblische Gestalten
95 Alexander Seibel
Relativitätstheorie
und Bibel
96 Erich Schnepel
Wirkungen des
Geistes